开放政府数据
与腐败防治

国 际 经 验 与 政 策 启 示

赵雪娇 —— 著

OPEN GOVERNMENT DATA AND
ANTI-CORRUPTION

INTERNATIONAL PRACTICES AND
POLICY IMPLICATIONS

社会科学文献出版社
SOCIAL SCIENCES ACADEMIC PRESS (CHINA)

前　言

当前，我国反腐败形势依然严峻复杂。习近平在二十届中央纪委三次全会上强调，新征程反腐败斗争，必须在铲除腐败问题产生的土壤和条件上持续发力、纵深推进。随着信息通信技术的发展以及人们对数据重要性认识的提高，世界各国纷纷开展了开放政府数据的行动。透明国际、G20等国际组织一直在倡导将开放数据作为防治腐败的工具。欧盟、斯洛伐克、立陶宛等国家和地区近年来已经开始了通过开放政府数据打击腐败的实践。然而，开放政府数据和反腐败两项工作目前仍在彼此割裂发展。开放政府数据在防治腐败方面的作用和成效是一个值得深入探讨的问题。

本研究运用混合方法探索开放政府数据是否对腐败有防治作用。首先，本研究运用长达 4 年、覆盖 106 个国家的面板数据来探索开放政府数据水平与腐败程度的关系。其次，本书对透明国际发布的 3 个运用开放政府数据治理腐败的案例（欧盟通过开放游说数据监督议员诚信、斯洛伐克通过在线公开政府合同惩治医疗腐败、立陶宛通过开放法官绩效惩治司法腐败）进行了深入分析。最后，本研究以我国公众和公共部门工作人员为对象，运用问卷调查、焦点小组访谈、一对一访谈等方法收集和分析了他们对于开放政府数据防治腐败的看法，以期为我国利用开放政府数据防治腐败提供对策参考。

研究发现，开放政府数据在防治腐败方面具有重要作用，但目前仍然不是一个强有力的反腐败工具。对揭露腐败行为具有关键作用的数据包括会议记录、政府采购合同、绩效信息、公司登记数据、政府支出数据、政府预算数据等。当前，我国在开放政府数据方面存在数据数量少、数据质量较差（未按可机读格式开放，缺乏统一标准）、开放平台不完善、利用率低等问题。我国公众和公共部门工作人员对于开放政府数据的了解程度和有效利用能力也整体偏低。为了充分发挥开放政府数据在防治腐败方面的作用，我国应将开放政府数据和腐败防治两项工作联系起来，建立健全开放政府数据相关法律政策体系，明确开放政府数据的优先领域和重点领域；完善政府数据开放的组织管理机制，设立通过开放政府数据防治腐败的专门机构；加强政府数据开放的考核评估，促进反腐败数据集的进一步开放；加强宣传和培训，提升全民数字素养与反腐意识。

本研究的贡献主要包括以下三个方面。第一，结合反腐败和开放政府数据（数字治理）两大社会热点问题，为如何防治腐败、建设数字政府提供决策参考，具有重要的现实意义和应用价值。第二，通过开放政府数据来预防和惩治腐败，是对委托-代理理论的进一步深化和运用。此外，本研究也关注技术因素对腐败的影响，在一定程度上也是对腐败影响因素理论的扩展。第三，运用了面板数据分析、案例分析、问卷调查与访谈等多种研究方法，基于多视角回答"开放政府数据是否对腐败防治有作用"和"如何通过开放政府数据防治腐败"的问题，将大样本与小样本结合，将定量研究与定性研究相结合，将全球视野与中国国情相结合，提升了研究的信度与效度。

本书在国家社会科学基金青年项目"开放政府数据对腐败的防治作用与对策"（17CZZ051）、中央高校基本科研业务费专项资金（2023TC061）、中国农业大学人文与发展学院的资助下完成，特此致谢。感谢博士后合作导师清华大学公共管理学院孟庆国教授将"开放政府数据"的概念引介于我，并对本研究进行的严谨而深入的指导。感谢清华大学公共管理学院张楠教授对本研究提出的宝贵而富有洞察力的意见。感谢中国农业大学研究生黄河水、崔梦柯、曹玉瑾、张立宇在问卷调查、书稿校对等方面所做的细致工作。感谢社会科学文献出版社孙海龙老师的辛勤付出。

目 录

第一章　绪论

第一节　研究背景

一　腐败仍是全球痼疾

腐败影响经济发展、政治稳定、人民生活。据联合国统计，全世界每年的贿赂金额高达 1 万亿美元。腐败导致全球经济损失 2.6 万亿美元，占全球 GDP 的 5.00% 以上。2023 年 12 月 9 日，联合国秘书长古特雷斯在《联合国反腐败公约》颁布 20 周年大会上表示，"腐败不仅会掠夺资源，还会剥夺人们的希望"。他呼吁所有国家加强国际合作，预防、发现并起诉腐败行为。[1]

腐败也是我国面临的重大挑战之一。党的十八大以来，我国高度重视党风廉政建设和反腐败斗争，出台了中央八项规定，实现了中央和省级党委巡视全覆盖，建立了国家监察委员会和地方各级监察委员会，持续深化不敢腐、不能腐、不想腐一体推进。经过新时代十年坚持不懈的强力反腐，反腐败斗争取得压倒性胜利并全面巩固。然而，正如习近平总书记在 2024 年 1 月召开的二十届中央纪委三次全会上所指出的，"反腐败斗争形势依然严峻复杂，我们对反腐败斗争的新情况新动向要有清醒认识，对腐败问题产生的土壤和条件要有清醒认识，以永远在路上的坚韧和执着，精准发力、持续发力，坚决打赢反腐败斗争攻坚战持久战"。因此，如何科

---

[1] How the UN is promoting a "global commitment to fight corruption", https://news. un. org/en/ story/2023/12/1144582，最后访问日期：2024 年 4 月 15 日。

学有效地预防和惩治腐败仍然是一个值得深入探索的问题。

二　全球开放政府数据的热潮

近年来，随着科学技术的发展以及人们对数据重要性认识的提高，世界各国纷纷开展了开放政府数据的行动，国家与国家之间也建立了开放数据的联盟。开放数据为"具备必要的技术和法律特性，从而能被任何人、在任何时间和任何地点进行自由利用、再利用和分发的电子数据"（Open Data Charter，2023）。2011 年，巴西、印度尼西亚、墨西哥、挪威、菲律宾、南非、英国、美国成立了开放政府合作伙伴联盟（The Open Government Partnership，OGP），共同承诺增强政府信息公开度、支持公众参与、履行职业诚信，并运用新技术增强政府责任。2013 年，美国、英国、法国、德国、意大利、加拿大、日本、俄罗斯（G8）签署了《开放数据宪章》（International Open Data Charter），明确了开放数据的五大原则和三项共同行动计划。五大原则分别是：使开放数据成为默认规则；注重数据的质量与数量；让所有人都能够使用；开放数据以改善政府治理；开放数据以鼓励创新。三项共同行动计划包括：发布国家行动计划；开放高价值数据；促进元数据映射。目前，越来越多的国家和地区加入了开放政府数据的行列，开放政府合作伙伴联盟已有 70 个参与国。

三　开放政府数据在反腐败工作中的潜在作用

很多国际组织（包括透明国际、G20 和欧盟等）一直在倡导将开放数据作为防治腐败的工具。透明国际指出，"全世界的政府和企业每天都在生产数以百万 GB 的数据，为反腐败运动开辟了全新的道路。当政府数据和其他与治理相关的数据是开放的、可访问的和可互操作的时，监督和问责的可能性就会大大增加"（Vrushi et al.，2017）。此外，G20 反腐败工作组（Anti-Corruption Working Group，ACWG）在 2014 年将开放数据确定为在提高透明度方面应特别关注的优先事项之一，并制定了反腐败开放数据原则：①使开放成为默认规则；②及时、全面；③可获取、易使用；④通用且可比；⑤有利于促进治理和公众参与；⑥有利于包容性发展和创新（Anti-Corruption Working Group，2015）。开放政府合作伙伴联盟的《开放政府宣言》（Open Government Declaration）也承诺"制定和建立强有力的反腐败政策、机制和做法，确保公共财政和政府采购的透明度，提高法治水平"①。开放数据提供了预防和揭露腐败行为的机会。

值得注意的是，包括欧盟、斯洛伐克、立陶宛在内的一些国家和地区近年来已经开始了通过开放政府数据打击腐败的实践。然而，从总体上来看，开放数据政策和反腐败工作目前仍在彼此割裂发展（Vrushi et al.，2017）。有学者指出，有关开放政府数据能够减少腐败的"证据仍然有限，需要更好地理解使用开放数据反腐败的机制和动态"（Segato，2015）。此外，"关于开放数据的使用和影响的持续实证研究很少"（Davies et al.，2016）。本研究利用来自 106 个国家 2013 年至 2016 年间的调查数据，旨在深化对开放政府数据与腐败程度关系的理解，是一个关于开放数据减少腐败作用的全球范围的实证研究。此外，本研究也将对国外相关案例进行具体分析，探索开放政府数据在腐败防治方面的具体作用机制，并对我国公众和公共部门工作人员进行访谈，以期为我国开放政府数据并利用开放数据防治腐败提供有益借鉴。

第二节　研究意义

一　现实意义

从实践层面来讲，本研究将为新形势下如何防治腐败提供决策参考。

第一，研究如何科学有效地防治腐败是当务之急。

2024 年 1 月 8 日，在第二十届中央纪律检查委员会第三次全体会议上，习近平总书记指出，"新征程反腐败斗争必须在铲除腐败问题产生的土壤和条件上持续发力、纵深推进"，"面对依然严峻复杂的形势，反腐败绝对不能回头、不能松懈、不能慈悲，必须永远吹冲锋号"。此前，在中共十八届三中全会第一次全体会议上，习近平总书记也曾指出："必须加大惩治腐败力度，更加科学有效地防治腐败。"2022 年，中共中央办公厅

---

① "Open Government Declaration"，https://www.opengovpartnership.org/process/joining-ogp/open-government-declaration/，最后访问日期：2022 年 8 月 10 日。

相继印发《关于加强新时代廉洁文化建设的意见》和《关于加强巡视整改和成果运用的意见》。2021年8月20日，十三届全国人大常委会第三十次会议表决通过了《中华人民共和国监察官法》；2021年9月国家监察委员会发布公告，公布《中华人民共和国监察法实施条例》，自2021年9月20日起施行；2021年12月24日，中共中央发布《中国共产党纪律检查委员会工作条例》。研究如何科学有效地防治腐败仍是当前的一项重要任务。

第二，研究如何开放政府数据、加强数字政府建设急不可待。

当今是数字时代。2024年1月，国家数据局、中央网信办、科技部、工业和信息化部等17部门联合印发《"数据要素×"三年行动计划（2024—2026年）》，提出发挥数据要素的放大、叠加、倍增作用，到2026年底，数据要素应用广度和深度大幅拓展，打造300个以上示范性强、显示度高、带动性广的典型应用场景。2022年6月，国务院印发《关于加强数字政府建设的指导意见》，提出要构建统一规范、互联互通、安全可控的国家公共数据开放平台，分类分级开放公共数据，有序推动公共数据资源开发利用，提升各行业各领域运用公共数据推动经济社会发展的能力。加强数字政府建设是适应新一轮科技革命和产业变革趋势的必然要求，是创新政府治理理念和方式、形成数字治理新格局、推进国家治理体系和治理能力现代化的重要举措，对加快转变政府职能，建设法治政府、廉洁政府和服务型政府意义重大。2015年，时任总理李克强在考察贵阳大数据应用展示中心时就曾指出，"把执法权力关进'数据铁笼'，让失信市场行为无处遁形，权力运行处处留痕，为政府决策提供第一手科学依据，实现'人在干、云在算'"。研究如何通过开放政府数据加强数字政府建设、运用开放数据遏制腐败现象顺应潮流，具有重要的现实意义。

二　理论意义

从理论层面上来说，本书对通过开放政府数据预防和惩治腐败的研究，是对委托-代理理论的进一步深化运用。在委托-代理关系中，委托人和代理人之间存在信息不对称，可能会导致道德风险和腐败行为。政府数据的开放可以缓解这一现象。政府部门（代理人）主动开放数据，有利于与公众（委托人）进行沟通和交流，同时公众（委托人）也可以通过观测和分析数据加强对政府部门（代理人）的监督。此外，目前关于腐败影响因素的研究主要集中在经济因素、政治因素、人口因素以及文化因素。本研究关注技术因素（开放政府数据和大数据技术）对腐败的影响，在一定程度上是对腐败问题相关理论的扩展。技术预防腐败是新形势下反腐败的新趋势和可行手段。《促进大数据发展行动纲要》指出，要推动改进政府管理和公共治理方式，完善大数据监督和技术反腐体系。本书关注通过开放政府数据和运用大数据技术来治理腐败，在一定程度上是对技术反腐理论的应用和扩展。

第三节　文献综述

一　腐败的定义与影响因素

1. 腐败的定义

目前关于腐败的定义众说纷纭。国内外学术界比较流行的定义是"为谋取私利而对公共职位的滥用"（Bardhan，1997；Treisman，2000；Svensson，2005；胡鞍钢等，2002；何增科，2003）。于风政（2003）指出这一定义存在两方面的局限。首先，它没有明确界定腐败行为的主体。当官员接受或索取贿赂时，公共职位因私人利益而被滥用；当私营机构主动提供贿赂以影响公共政策及其决策过程以获取竞争中的有利地位和利益时，公共职位也是被滥用的。这一定义很容易使人们仅仅把公职人员看作腐败行为的主体，而忽略了另一主体：私营部门。其次，这个定义不能包括那些并不直接以谋取个人私利为目的的腐败。针对这个定义的局限和我国现阶段腐败现象的特点，于风政（2003）提出了一个新的定义："腐败是国家机关和国有企业的公职人员与他人合谋，违反法律和社会公认的行为规范，滥用公共权力和公共资源，为私人和私人小圈子谋取私利或为某一单位、某一行业谋取特殊利益而损害公共利益及其他公众个人利益的行为。"腐败不仅仅是两个人之间的孤立行为。相反，在腐败行为的背后是由官员、专业中介和企业等利益主体组成的复杂网络（Aceves，2017）。

约瑟夫·奈（Nye，1967）提出，腐败的危害包括资源浪费、政治不稳定以及政府能力的削弱。此外，通过成本利益分析，他还指出，在经济不发达国家，腐败的危害通常是远远大于其可能带来的好处的（Nye，1967）。Klitgaard（1988）指出腐败牺牲了弱势群体的利益，将资源重新分配给了富人和特权阶级。Rose-Ackerman（1999）认为腐败阻碍投资和经济增长，而发展中国家面临的风险更大。对我国而言，腐败已经成为"最大的经济损失、社会污染和政治挑战"（胡鞍钢等，2001）。根据相关学者的估算，仅20世纪90年代后期，腐败所造成的经济损失和消费者福利损失就高达每年9875~12570亿元，占全国GDP总量的13.20%~16.80%；腐败具有很强的外部性，影响了社会稳定；此外，腐败也构成了对中国共产党及其政府合法性的严重挑战，引起党和国家领导人与全国人民的极大忧虑（胡鞍钢等，2001）。

2. 腐败的现状

习近平总书记在二十届中央纪委三次全会上强调，"经过新时代十年坚持不懈的强力反腐，反腐败斗争取得压倒性胜利并全面巩固，但形势依然严峻复杂。我们对反腐败斗争的新情况新动向要有清醒认识，对腐败问题产生的土壤和条件要有清醒认识"。根据中央纪委国家监委最新通报，2023年，全国纪检监察机关共立案62.6万件，其中立案中管干部87人；共处分61万人，包括49名省部级干部。同时，坚持受贿行贿一起查，立案行贿人员1.7万人，移送检察机关3389人。[①]

过勇（2017）指出，对腐败形势的评估应该从腐败程度、反腐败强度和腐败风险三个维度分别进行。在总结中共十八大以来我国反腐倡廉建设成效的基础上，过勇（2017）应用这一框架对我国当前的腐败形势进行了评价。总体来说，反腐败强度显著提高，尤其是在加大惩治力度、强化党内监督和完善党规体系等方面取得了突出成效，"反腐败斗争压倒性态势已经形成"；腐败程度明显降低，但腐败现象仍具有集团性、日常性、顽固性的特点，腐败"形势依然严峻复杂"；腐败风险仍然处于较高水平，需要通过进一步全面深化改革提升治理水平，反腐败斗争仍然具有长期

---

① 《中央纪委国家监委通报2023年全国纪检监察机关监督检查审查调查情况》，https://www.ccdi.gov.cn/toutiaon/202401/t20240125_324375.html，最后访问日期：2024年4月15日。

性、复杂性和艰巨性的特点，但是"经济转型社会的腐败演变'倒 U 字'形曲线拐点正在出现"（过勇，2017）。李燕凌等（2011）指出近年来我国腐败行为呈现四大特征：绝对权力腐败猖獗、从滥用公共权力向滥用公共资源转变、腐败手段更加复杂和隐蔽、"灰色腐败"倾向日益显现。宋为和佘廉（2011）提出我国目前的腐败问题呈现不断蔓延、程度不断加深、手段多样以及领域不断扩展的特点。通过分析《检察日报》2000~2009 年公开报道的 2802 个腐败案例，公婷和吴木銮（2012）提出，我国目前腐败规模处于上升状态，政府采购、工程承包成为腐败案件高发领域；土地腐败案件更为突出。同时，处级、厅局级干部成为腐败的高危人群，不仅是受贿和巨额财产来源不明等问题的主体，还是索贿案件的主要查处对象（公婷、吴木銮，2012）。

3. 腐败的影响因素

目前，关于腐败的影响因素主要包括四大类：经济因素、政治因素、人口统计学因素以及文化因素。

（1）经济因素

很多学者提出经济的发展水平（例如人均 GDP）是腐败的重要影响因素（Treisman，2000；Elbahnasawy et al.，2012；Fisman et al.，2002；Swamy et al.，2001；Chang et al.，2007；Serra，2006）。经济较发达的国家通常有能力投入更多的资源去预防和惩治腐败（Elbahnasawy et al.，2012）。而在经济不发达地区，经济的窘困会使守法行为和犯罪行为的界限变得模糊（Park，2003）。此外，经济增长率很高的国家通常会存在更严重的腐败问题。当一个国家处于经济高速发展阶段时，可能会存在更多腐败的机会。

（2）政治因素

很多学者提出政治制度是影响腐败程度的因素之一（Treisman，2000；Lederman et al.，2005）。由于缺乏责任机制和透明机制，专制国家一般会比民主制国家更腐败。在民主制国家，被曝光的风险相对较高。言论自由和集会自由赋予了公众和媒体揭露权力滥用的使命和权利（Brunetti et al.，2003）。更多的公众参与也会加强公众监督并减少腐败行为（Treisman，2000）。但是，很多学者也质疑民主在控制腐败方面的作用。通过比较研究，Sun 与 Johnston（2009）指出民主本身并不会明显增加或减少腐败行为。除了政治制度，政府规模也影响着一国的腐败严重程度。公共部门规模越大，寻租的机会也越多（Fisman et al.，2002）。政治稳定也影响着腐败的蔓延程度。但是，政治稳定与腐败的关系究竟是正相关还是负相关目前还不确定（Treisman，2000）。政治稳定会使官员有更多的时间与可能的贿赂者建立长期关系，而政治不稳定会给人带来巨大压力从而进行任何能保护其地位和财产的行为，包括腐败（Brunetti et al.，2003；Park，2003；Elbahnasawy et al.，2012）。政府的管治水平和治理能力也影响着腐败程度。过多的政府干预会束缚经济的自由发展，还会催生寻租行为、助长腐败风气（Bardhan，1997；Park，2003；）。许多学者也提出了法律制度的健全与较高的法治水平会使得腐败无处藏身（Park，2003；Damania et al.，2004）。

（3）人口统计学因素

Swamy 等（2001）对性别与腐败的关系进行了跨国比较研究。他们发现，与男性相比较，女性较少参与贿赂活动，而且在女性占据更多议会席位和政府重要职位的国家，腐败程度较低。城市化水平也对腐败程度有一定的影响。城市人口通常会更了解政府运行机制，更具有参政热情，从而会更关注政府官员的行为。所以城市化水平越高，腐败行为发生的概率越低（Elbahnasawy et al.，2012）。

（4）文化因素

很多学者指出各国腐败程度不同的原因是文化不同（Bardhan，1997；Park，2003；Brunetti et al.，2003）。国外学者们最关注的文化因素是宗教（La Porta et al.，1999；Treisman，2000；Paldam，2001；Herzfeld et al.，2003；Persson et al.，2003；Chang et al.，2007）。许多学者指出新教徒较多的国家腐败程度较低（La Porta et al.，1999；Treisman，2000；Paldam，2001；Chang et al.，2007）。马庆钰（2002）也提出，在制度和道德视角之外再通过文化视角来探究中国的权力腐败现象是很有意义的。相对于国家法规，一些被称为"潜规则"的中国人情传统，对于权力腐败的影响是不可小视的，需要依靠市场化制度的完善和政治体制改革的洗礼才能得到抑制（马庆钰，2002）。

二　开放政府数据的价值与挑战

1. 开放政府数据的内涵

开放政府工作组（Open Government Working Group）提出，政府数据在符合以下八项原则时可被称为"开放"。

第一，完整性：除了涉及国家安全、商业机密、个人隐私以及其他特别限制，所有的政府数据都应开放。

第二，一手：应当是从源头采集到的一手数据，而不是被整合或加工过的数据。

第三，及时性：尽快开放数据以保存数据的价值。

第四，可获取性：数据可以被更大范围的用户（为了各种不同的目的）获取。

第五，可机读：数据是结构化的，可被计算机自动处理。

第六，非歧视性：数据对所有人都开放，无须注册。

第七，非私有：任何实体对开放的政府数据都没有绝对的控制权。

第八，免于授权：除了涉及国家安全、商业机密、个人隐私以及其他特别限制，数据不受版权、专利、商标或贸易保密规则的约束（Open Government Working Group，2007）。

麦肯锡全球研究院认为，开放数据具有四个特征：人人都可以获得、机器可读、免费以及可以反复使用和反复分发（Manyika et al.，2013）。沈亚平和许博雅（2014）将政府数据开放定义为"国家机关及经法律授权行使公共管理职能的各类社会组织依照法律规定向公众公开其所掌握的、用于记录与公共利益密切相关的各类事实的物理符号，公众可凭借制度化的合法途径，以便利顺畅的方式获知、取得和使用其中所需的数据，通过对这些数据进行比照分析，从中发现行政管理和决策活动中的问题或发现各种改善方案，并基于对数据分析结果的理解展开公共辩论或直接传达给各政府部门，要求其对此做出明确回应和改进"。与开放政府数据相关的概念包括大数据、政府信息公开、开放政府等。

（1）开放数据与大数据的联系与区别

美国国家科学基金会将大数据定义为"由科学仪器、传感设备、互联网交易、电子邮件、视频、网络点击流等多种数据源生成的大规模的、多样的、复杂的、纵向的和/或分布式的数据集"（National Science Foundation，2012）。美国权威 IT 咨询公司 Gartner 则将大数据定义为"高容量、高速度和/或高多样性的信息资产，它们需要经济高效的、创新的信息处理形式，从而增强洞察力、决策制定和过程自动化"（Gartner，2017）。但是，有关大数据的概念界定一直未在学术界和实践界达成共识（冯芷艳等，2013；张楠，2015）。从某种意义上说，"对大数据的关注反映了当人类掌握的基础数据管理技术（如采集、存储与传输）发展快于高级数据管理技术（如分析、知识挖掘与决策支持）时，公众面对大量可见而不可知数据的焦虑"（张楠，2015）。大数据的"大"是相对于信息认知能力而言的，对人类真正有意义的是大数据背后蕴含的知识与价值（张楠，2015）。

开放数据与大数据是既相互联系又有区别的两个概念（见图 1-1）。开放数据通常是大数据，但"小"的数据集也可以被开放。根据麦肯锡全球研究院的定义，"开放"描述了数据的流动性和可转移性，而"大"描述了数据集的大小和复杂性。大数据的流动程度意味着数据是否开放。开放的数据集，无论是大还是小，可以来自政府、企业或其他机构，也可以来自个人。开放政府数据正是全球开放数据趋势中最突出的例子，但是开放数据不仅仅是开放政府的数据。

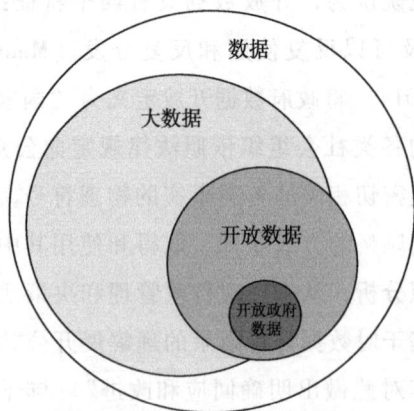

图 1-1　开放政府数据与大数据、开放数据的联系与区别

资料来源："Open Data：Unlocking Innovation and Performance With Liquid Information."https://www.mckinsey.com/capabilities/mckinsey-digital/our-insights/open-data-unlocking-innovation-and-performance-with-liquid-information。

（2）开放政府数据与政府信息公开的联系与区别

郑磊（2015）从开放层面、开放目的、实施过程三个方面对"政府数据开放"与"政府信息公开"这两个概念进行了辨析。在开放层面上，数据是一手的原始记录，未经加工与解读，而信息是经过连接、加工或解读之后被赋予了意义的数据。在开放目的上，政府信息公开强调公众的知情权，公开的大多是文件或经过整合分析后的统计数据；开放政府数据除满足公众的知情权外，还强调数据的应用和创新，因而要求开放未经过加工的、可机读的、可下载的原始数据，以便公众、企业、社会组织等再利用。在实施过程中，政府信息公开的工作重点在于政府一方，而开放政府数据则同时注重政府和用户两方面，强调二者之间的互动。

黄璜等（2016）认为，开放政府数据无论从概念、法律、价值和管理上都是信息公开的一部分。第一，无论信息公开还是数据开放，政府对外发布（公开或开放）的都是"数据"资源，而信息是数据资源中蕴含的内容或意义。第二，无论社会主体是在信息公开体系下，还是在数据开放体系下获取数据、分析信息，其价值目标都是为获取或维护某种私人或者公共的利益。刻意用政治价值和经济价值区分两者，无论在理论逻辑还是在政策实践中都不可行。第三，数据开放是信息公开在大数据时代的新的发展阶段。在互联网出现之前，政府部门电子化数据积累少，无法提供大规模数据下载，只能主动发布有限的文本数据和统计数据，更多需要公众依申请公开。第四，数据开放范围不限于"原生"数据，而是政府数据（信息）或资源。虽然应鼓励政府尽可能开放"原生"数据，但是开放政府数据应基于信息公开的基本原则，要求开放政府各类数据（信息）资源，其中既包括"原生"数据，也包括经过"加工"后的数据资源。目前各国和我国地方政府已经开放的数据中许多都不是原生数据（黄璜等，2016）。

沈亚平和许博雅（2014）认为，与政府信息公开相比，开放政府数据最直接、最核心的特点是精细化和互动性，源于"两股潮流的历史性交汇"。一方面，公众对知情权的理解不断加深，笼统的信息公开已经不能满足公众的需求。另一方面，在大数据时代，收集和分析数据已不再是特定专业人员的独占领域，海量数据和功能强大、操作便捷的分析工具与平台技术的出现，使公众也可以进行数据搜集和分析工作，并据此形成自己的理解。

所以，从政府信息公开到开放政府数据是历史的必然，开放政府数据是政府信息公开在大数据时代的深入发展，将政府信息公开在深度和广度上都提升到了新的阶段（胡小明，2015；郑磊，2015；黄璜等，2016）。

（3）开放政府数据与开放政府的联系与区别

对于开放政府的具体含义，张成福（2014）认为，开放政府是建立在开放社会基础之上，适应全球化、民主化和信息化的时代要求，面对公共事务日益复杂化和治理环境日益动荡、不确定的状态，出现的新的政府治理典范。正如任何观念都是不断变化的一样，开放政府也是随着时代的发展而不断变化和发展的概念，其基本特质有如下几点。第一，公民性。开放政府以公民为本，认为政府本身不是目的，而是工具。第二，公平性。开放政府视万物自性平等，任何存在的东西都是真实的。第三，公开性。公民能够并且必须了解有关政府运作的信息；政府的公职必须是开放的和竞争性的；政府的行为应受到公民和社会的公开的审查和监督；政府施政的结果需受到公民和社会的评估。第四，分享性。政府治理是政府、企业、社会、公民之间有效的互动过程。这意味着政治权力、经济权力和社会权力的共享，同时也意味着责任的共担、风险的共受和发展成果的共享。第五，合作性。政府与社会之间不是对立的关系，而是合作伙伴的关系。治理机制依靠的不是排他的权威，而是合作网络的权威。公共利益最大化的社会管理的实现依靠的是多元的、相互协作的网络。第六，整合性。所谓整合性不仅包括治理层次上的整合（如国际与国内、中央与地方、地方各层级之间的整合），治理功能的整合（如各级政府不同功能部门之间的整合），同时也包括公私部门之间的整合。即透过整合达成协力，透过协力实现公共问题的解决。第七，创新性。开放政府反对任何教条的理论或者一成不变的思维方式，它鼓励不断发展和完善新的观念。开放政府承认并鼓励人们享有法律范围内最大限度的自由；通过自由获取创新，通过自由释放出无穷无尽的创造力（张成福，2014）。

国外学者也对开放政府进行了大量研究。Abu-Shanab（2015）认为开放政府是电子政务的一个方向，即政府与公民、企业之间以透明、参与、负责和协作的模式交换更多信息，开放的政府流程需要使信息的所有特征达到所需的质量。Grimmelikhuijsen 和 Feeney（2017）在认可由 Abu-Shanab（2015）提出的开放政府的三个维度——责任性、透明性和参与——的基础上，对影响开放政府的因素进行研究，得出如下结论，即强大的技术和组织能力、创新文化、简单工作程序、外部压力和非政治化环境，在使政府变得更加开放方面所起的作用至关重要。经济合作与发展组织在《开放政府：促进与公民社会的对话》①报告中指出，开放政府是建立在善治基础之上的，建立开放政府要遵循责任性、透明性和开放性的原则。责任性意味着对公职人员的行为进行识别，并使其对相关行为负责；透明性意味着公众可以获得有关政府活动可靠的、相关的和及时的信息；开放性意味着政府能够倾听公众和企业的意见，并在制定和实施公共政策时将其考虑在内。

开放政府与开放政府数据的区别主要在于，开放政府是与高绩效政府、无缝隙政府、有限政府、廉洁政府等概念一样，出现的又一种对未来理想政府雏形的设想，是政府改革的理想方向（王丛虎，2006）。开放政府数据是在开放政府方向的指引下，政府为实现建设开放政府目标而做出的具体行动与努力。李平（2016）从开放政府理论出发，结合各国政府开放数据经验，认为开放政府数据不是一个孤立的概念，而是在大数据时代构建开放政府的新阶段，其根本理论基础及归宿是推动建设一个真正的开放政府（郑磊，2015）。所以开放政府和开放政府数据的共同目标都是要实现开放这一最高价值目标。区别还表现在，开放政府的含义强调公民有权了解政府及其运作的信息，开放政府数据的含义强调公民在了解政府运作信息的基础上，还能够自由获取、免费使用政府开放的原始数据，并进行再利用。如果说开放政府是一种治理理念和政策（郑磊，2015），那么政府数据开放就是技术、政策和文化三位一体的系统工程，它能极大地促进开放政府的透明、参与及合作内涵的落实（McDermott，2010）。数据作为开放政府数据的主要内容，不是技术的衍生品，而是技术的价值所在，开放政府数据的目标是用技术为不同角色的用户提供数据访问和计算服务

---

① Open Government：Fostering Dialogue with Civil Society，https://www.oecd-ilibrary.org/governance/open-government_9789264019959-en，最后访问日期：2024 年 4 月 30 日。

（黄璜，2018），逐步消除政府与民众之间的隔阂，努力打造一个透明开放的政府。

（4）开放政府数据与政府数据共享的区别与联系

李重照和黄璜（2019）从政府数据共享实践出发，认为政府数据共享主要包括政府部门内和政府部门间数据共享两个维度。政府部门内数据共享是指同一部门内不同组成部分之间的数据流通和使用；政府部门间数据共享则是两个或多个政府部门之间的数据互联共享。李重照和黄璜（2019）认为，在我国政府的行政体制下，政府部门间数据共享涉及跨层级、跨部门和跨区域三个子维度。其中，"跨层级"是指从中央到地方（"纵向""条条""垂直"）的相同职能部门在不同层级间的数据共享；"跨部门"是指同级政府（"横向""块块""水平"）的不同职能部门间的数据共享；"跨区域"指不同区域或不同辖区政府部门间的数据共享。焦海洋（2017）认为政府数据共享是政府各部门之间为履行职责而依法定程序将其收集、保存、管理和使用的过程，法律规定不得共享的数据除外。

2015年，国务院颁布《促进大数据发展行动纲要》，明确提出"大力推动政府部门数据共享，明确各部门数据共享的范围边界和使用方式，厘清各部门数据管理及共享的义务和权利"。据此，以及上述不同学者的定义，政府数据共享不同于开放政府数据，是政府部门之间数据的共享使用，数据的使用主体是政府各部门，共享范围在政府部门内。而开放政府数据的使用主体更加广泛。对于政府部门而言，政府数据共享是政府部门之间资源的整合和再分配，有利于节约数据的搜集、保存和管理成本，有助于提高决策及其执行的效率，以更好地提供公共服务。郑磊（2018a）也认为，政府数据共享就是在行政机关这一特定群体内部进行的共享；而开放政府数据则是面向行政机关外部任何人的开放。从数据获取方式来看，政府数据共享实现了数据的定向获取和群体获取，定向获取是指通过合约形式明确指定数据的适用对象，群体获取是指通过认证形式在特定群体内部进行数据共享。开放政府数据实现了公共获取，政府通过授权协议对数据使用设定限制条件，获得开放授权后将数据对所有人开放（郑磊，2018b）。政府数据共享实现了数据在自成体系的部门之间或不同区域间的互通共享。开放政府数据通过数据开放平台实现了面向企业、社会组织和公众的数据开放（樊博等，2017）。

2. 开放政府数据的价值

Janssen 等（2012）基于访谈和工作坊，将开放政府数据的价值分为三个方面：政治和社会的、经济的、技术的。从受访者的反馈来看，开放政府数据最重要的作用在于促进经济发展和提高政府透明度与责任感（Janssen et al.，2012）。麦肯锡全球研究院的报告指出，开放政府数据可以为全球带来每年大约 30 万亿美元的经济价值（Manyika et al.，2013）。由于本研究关注开放政府数据的反腐败作用，所以这里重点关注开放政府数据在政治和社会方面的价值。根据 Janssen 等（2012）的访谈结果，开放数据在政治和社会方面的价值包括：提高政府透明度和公信力；提升公共决策科学化；提高公共服务水平，促进民主参与。

（1）提高政府透明度和公信力

开放政府数据能够让公众获得更多有关政府运作的信息，提高公众参与公共事务的程度，提高政府的透明度和公信力。麦肯锡全球研究院认为，政府数据的开放增强了政府的透明度和责任感（Manyika et al.，2013）。Worthy（2015）认为，开放数据可以促进社会监督，公众通过开放的数据可以发现腐败行为。美国纽约市审计官办公室发布的名为"纽约账本"（Checkbook NYC）的在线工具，在历史上第一次将纽约市政府的每日花销呈现在了普通公众眼前。账本网站运用大量数据、图形和表格，将纽约市的最新财政情况公之于世，其中包括纽约市政府花费最多的前 5 个机构、纽约市投入资金最多的领域以及开出最大数额支票的行政机构等。政府支出数据的公布使每位政府工作人员更加谨慎地使用资金，也使纽约市民都能够为政府经费的支出献计献策。

（2）提升公共决策科学化

开放政府数据可以促进公众、专家、学者对政策制定的基础依据、合理性、社会后果等做出深入、全面的分析和判断，提出更为科学、可行的政策建议。此外，开放政府数据意味着政府角色从原来的生产者、直接供应方转变为"原料"提供者、服务监督方，不仅可以节省行政成本，还可以提高数据资源的利用效率，更好满足公众的个性化需求（孟庆国，2016）。西澳大利亚州政府青少年成长途径项目（The Developmental Pathways Project）通过运用多种来源数据和整体研究手段分析西澳大利亚州儿童和青少年的健康和教育等问题。该项目运用了健康数据、警察局数据、教育数据、儿童保护数据、社区数据、住房数据以及残疾数据，建立了一整套如何将不同机构的、以全体人口为样本的、不含敏感信息的数据连接起来以解决问题的程序，识别出了影响西澳大利亚州儿童心理和生理健康、教育、犯罪的因素（个人因素、家庭因素以及社会因素），明确了政府部门需要重点预防和治理的领域。

（3）提高公共服务水平，促进民主参与

开放政府数据意味着数据在社会的自由流动、知识向大众的自由流动，通过数据的分享、利用和开发，可以吸引社会各界人士参与公共事务的治理，激发民间智慧和大众创新（谭海波等，2016），同时促进政府部门简政放权。基于美国芝加哥的政府数据开放项目，Kassen（2013）发现开放数据可以通过提升政府的透明度和责任感，促进民主进程。开放数据为积极的公民参与创造了良好的环境，因为它为公众提供了一个通过使用免费数据集（无须获得任何官方许可）来创建应用程序的机会（Kassen，2013）。这些项目还可以通过邀请当地社区的公众合作，提供现有应用程序有效运行所需的额外信息（例如，收集市民的数据，用于绘图、可视化、交通路线排名、建筑许可、犯罪数据分析、环境污染等），从而促进众包众筹，为当地政府和公众之间的合作创造一个新的环境，真正改变传统的政治传播方式。在美国政府数据开放后，出现了一款名为 RAIDS On-line 的 APP，其通过对政府开放的数据进行分析，告知公众在哪些区域容易出现盗窃、抢劫等犯罪现象，公众根据这些信息可以提前做好预防或者减少在这些区域的活动，从而降低了犯罪率，提升了社会的安全性（谭海波等，2016）。

联合国电子政务报告指出，开放政府数据为政府发布信息提供了一种全新的途径，有利于在政府和公众之间架起一道桥梁（United Nations，2014）。开放政府数据使得所有利益相关者都有权免费获取完整的公共数据，并对公共政策做出更加理性的判断。开放政府数据创造了平等交流和分享信息的平台，打破了政策博弈中的囚徒困境，合作与共赢成为公共政策制定的价值取向（刘淑妍，2016）。在利益表达和资源输入端，开放政府数据为公众提供了了解政府的渠道和平台，导致政策问题的触发更为迅捷；在政策议程平台，开放数据促进了信息在政府、专家与公民间更具包容性和平等性的互动交融；在政策输出与管理端，开放数据为国家与社会力量整合提供了有效的工具，使得建立一个动态均衡的多元主体参与的决策评估机制成为可能（孟庆国，2016）。

3. 开放政府数据可能带来的挑战

在开放政府数据的过程中也面临着挑战。根据 Fung 和 Weil（2010）的研究，目前有关透明度的讨论会"产生特别容易展现政府错误但往往对其成就毫不在意的政策和平台"，这可能会产生"保守甚至反面的效果"。Janssen 等（2012）还指出，公布数据还可能会揭露某些重要决策的数据基础质量很差。例如，市议会的会议记录可能会让公众对参议院审议过程中涉及的政治感到震惊，并失去对决策过程和由此产生的决策的信任。从总体来看，隐私问题和歧视问题是当前学者们主要关注的开放政府数据可能带来的两个挑战。

（1）隐私问题

政府保有大量包含公民个人信息的数据，这些数据主要包括政府公共数据库中自带的公民个人信息、政府通过 cookies 抓取的公民浏览政府数据开放网站的相关信息、公民为获取公共服务在政府网站进行注册所提供的个人信息（张建彬等，2017）。随着大数据技术的广泛应用，数据挖掘技术可以将看似不相关的碎片化信息进行分析，建立相关关系。大数据还促进了数据内容的交叉检验，仅靠技术手段保护个人隐私将越发困难（张建彬等，2017）。此外，开放政府数据为社会公众提供便利的同时，也为一些不法分子和无良商家提供了可乘之机。例如，某省政务服务网的"信用信息"专题公开了企业、政府部门、事业单位、社会组织和个人的信用情况。"个人"一栏包括了公民从业资格信息，包括教师资格认定信息、建造师执业资格信息、文化经纪人从业信息、药师执业注册信息等。已开放的数据包括获得资格人员的姓名、身份证号前 4 位或 6 位、执业机构名称等。在电话实名制背景下，为达到商业目的，一些企业可在得知公民姓名的前提下通过通信公司获取公民的详细信息，泄露公民个人隐私（张建彬等，2017）。

（2）歧视问题

开放政府数据还有可能导致对某些个人和群体的歧视。美国白宫总统行政办公室在其报告《大数据：抓住机遇，寻求价值》中称①，这种歧视可能是由大数据的结构和使用方法而产生的非有意的结果，也有可能是源于一些"掠夺弱势阶层的意图"。由于数字鸿沟的存在，一些学者提出了对公共服务市场化的担忧，因为开放后的数据目前主要是用于通过寻求利润的公司开发应用程序，这有可能进一步加剧不平等（Bates，2012；Kitchin，2013）。一个美国波士顿市的例子展现了如何在大数据技术的使用中消除无意中产生的歧视（Zicari，2014）。美国波士顿市市长办公室下辖的新城市机制办公室（Mayor's Office of New Urban Mechanics）开发了一款叫作 Street Bump 的软件，它利用智能手机的加速计和 GPS 收集路面坑洞等道路情况，并将其报告至城市公共工程局。但是 Street Bump 团队在研发过程中发现，由于低收入阶层和老人可能没有智能手机或者不会下载手机程序，Street Bump 提供的服务可能会集中于拥有智能手机的人群居住的社区。值得称道的是，波士顿市和 Street Bump 的开发者在推出该程序之前就想到了这一点。他们首先为服务于全市各个区域的城市道路观察员安装了 Street Bump，然后将公众提供的道路信息作为补充数据，力争使数据全面、客观。

4. 开放政府数据的现状

（1）全球总体情况

万维网基金会的"开放数据晴雨表"（Open Data Barometer）和英国开放知识基金会的"全球开放数据指数"（Global Open Data Index）是各国政府和国际组织广泛认可的两项评估政府数据开放程度的指标（夏义堃，2015；郑磊等，2015）。开放数据晴雨表主要从三个方面来衡量政府数据开放的程度：准备度、执行力、影响力。根据最新版开放数据晴雨表全球报告（2017 年），排在前十位的国家分别为：英国、加拿大、法国、美国、韩国（并列第五）、澳大利亚（并列第五）、新西兰、日本（并列第八）、荷兰（并列第八）、挪威。而全球开放数据指数更关注各国是否公开了那

---

① "BIG DATA: SEIZING OPPORTUNITIES, PRESERVING VALUES", https://obamawhite-house. archives. gov/sites/default/files/docs/big_data_privacy_report_may_1_2014. pdf，最后访问日期：2024 年 4 月 15 日。

些与政府透明、公众生活紧密相关的数据，共包括 15 类数据：政府预算、政府支出、政府采购、选举结果、公司登记表、土地归属、全国地图、行政边界信息、定位信息、全国统计信息、法律草案、全国法律、天气预报、空气质量和水质。① 根据全球开放数据指数最新排名（2016 年），排在前十位的国家和地区为：中国台湾、澳大利亚（并列第二）、英国（并列第二）、法国、芬兰（并列第五）、加拿大（并列第五）、挪威（并列第五）、新西兰、巴西、北爱尔兰。综合这两项权威指标的排名结果，走在开放政府数据前列的主要是发达国家和地区。

（2）我国开放政府数据的现状

当前，我国的开放政府数据实践处于起步阶段，主要在地方政府层面展开，而且主要集中在政府数据的供应端（而不是应用端）。2012 年 6 月，上海市首先上线试运行"上海市政府数据服务网"。随后，北京市、湛江市、无锡市、武汉市等也陆续推出了开放数据平台网站。根据复旦大学数字与移动治理实验室的最新统计，截至 2023 年 8 月，全国已有 226 个省级、副省级和地级政府上线了数据开放平台，其中省级平台 22 个（不含直辖市和港澳台），城市平台 204 个（含直辖市、副省级和地级行政区）。目前已有 81.84% 的省级行政区（不含直辖市和港澳台）、60.53% 的城市（包括直辖市、副省级和地级行政区）上线了政府数据平台，较 2022 年下半年新增 18 个地方平台，平台总数增长约 9.00%。全国地级以上的政府数据开放平台数量增长明显，从 2017 年的 20 个平台发展到 2023 下半年的 226 个平台。从开放的数据规模来看，各地平台上开放的有效数据集总数逐年增长，从 2017 年的 8398 个增长到了 2023 年的 34 万多个；各地平台无条件开放的可下载数据集的容量也从 2019 年的 15 亿增长到 2023 年的超 480 亿，增长了约 31 倍。

但是，当前我国国家政府数据统一开放平台尚未建成，政府数据开放

---

① 这里指的是 2016 年全球开放数据指数再次调整后的评估指标。全球开放数据指数最初考察 10 类数据：交通时刻表、政府预算、政府支出、选举结果、公司登记表、全国地图、全国统计信息、法律、邮政编码、污染物排放。2015 年，全球开放数据指数调整了评估指标，增加了政府采购情况、天气预报、定位信息和水质四个数据集，不再包括交通时刻表。

"数林"整体格局仍未实现。此外，数据开放程度较低，数据开放平台建设参差不齐，开放绩效存在明显差异（雷玉琼、苏艳红，2020）。孙艳艳等（2015）指出，电子政务建设和政府信息公开为我国的政府数据开放奠定了基础，但仍存在以下问题：①缺乏全国性的战略规划和政策环境；②信息公开机制不成熟，开放政府数据根基不稳固；③信息化水平有待提高且各地信息化发展不平衡。郑磊和高丰（2015）依托"开放数据晴雨表"和"全球开放数据指数"两项指标的分析框架，结合我国国情，建立了基于"基础""数据""平台"三大层面、共由13个维度构成的评估框架，对北京市、上海市、贵州省、武汉市、无锡市、湛江市、宁波市海曙区、佛山市南海区的开放政府数据实践情况进行了比较研究。研究显示，我国开放政府数据实践目前主要存在六个方面的问题：①数据量少、价值低、可机读比例低；②开放的多为静态数据；③数据授权协议条款含糊；④缺乏便捷的数据获取渠道；⑤缺乏高质量的数据应用；⑥缺乏便捷、及时、有效、公开的互动交流。张勇进（2016）认为我国数据开放推进进程与经济发达程度相关，各地开放的数据的数量和范围差别很大。贺睿和刘叶婷（2013）在综合分析全球10多个国家和地区公共数据开放建设水平的基础上，选取了6个维度将政府数据开放程度划分为成熟、发展和起步三个阶段。他们认为，我国目前公共数据开放程度较低，处于起步阶段的初端，对数据开放的关注度不断增加，已加入了世界公共数据开放的队列，建设了中国政府公开信息整合服务平台，但与严格意义上的提供标准统一、可供机读的政府数据开放仍存在一定差距（郑磊，2015）。我国政府数据开放存在的主要问题包括相关法律法规尚未形成、相关行政体系尚未建立、数据公开的挖掘度不够、再利用率不足、可用度不高、公众参与度有限（贺睿、刘叶婷，2013）。目前，国家公共数据开放网站尚处于建设阶段，我国现有的政府数据开放平台主要是省级平台和地市级平台，尚未建成统一的国家级政府数据开放平台（倪千森，2021；王晓冬，2021；黄如花等，2016；张子良等，2016）。我国目前仅开通了中国政府公开信息整合服务平台，主要用于整合各种会议及政府公报，仍然属于政府信息公开范畴（周军杰，2014）。

5. 开放政府数据的影响因素

目前，影响开放政府数据效果的因素主要包括技术、组织、环境三个方面，如表 1-1 所示。

表 1-1 开放政府数据的影响因素

分类	具体影响因素
技术因素	地区信息技术水平（汤志伟等，2018；王法硕等，2021）
	数据用户的技术能力（Alexopoulos et al.，2012；朱红灿等，2021）
	数据质量（Solar et al.，2013；王卫等，2019）
	数据格式（Yang et al.，2015；谭军，2016）
	数据安全风险（王翔等，2018）
组织因素	组织文化（谭军，2016；黄如花等，2018）
	组织财政资源能力（刘淑妍等，2021）
	设立专门的管理机构（樊博等，2017；程风等，2022）
	公务员的支持度（陈朝兵等，2020；郝文强等，2021；朱春奎等，2021）
环境因素	政策法规（Fan et al.，2017；王翔、郑磊，2019）
	政府面临的竞争压力（刘成，2018；吴金鹏等，2019；刘淑妍等，2021）
	公众信息需求（李梅等，2018；韩娜娜，2019；程风等，2022）

（1）技术因素

技术因素包括地区信息技术水平、数据用户的技术能力以及数据的质量、格式与安全风险等（Alexopoulos et al.，2012；Solar et al.，2013；Yang et al.，2015；Wang et al.，2016；谭军，2016；王卫等，2019；王法硕等，2021）。地区信息技术水平正向影响政府数据开放的发展水平（汤志伟等，2018），有研究表明人均互联网宽带接入数的提高将会正向影响政府数据开放的水平（王法硕等，2021）。数据用户缺乏使用数据的技术能力，如数据搜索能力、理解能力和下载分析能力也直接影响政府数据开放的效果（Alexopoulos et al.，2012）。研究显示，科研用户的数据检索与处理能力会影响他们对数据的分析与挖掘程度（朱红灿等，2021）。数据的完整性和原始性也是衡量数据质量的重要指标（Solar et al.，2013），政府数据开放平台提供的原始数据集质量将直接影响数据的再利用和公众的使用体验（王卫等，2019）。研究显示，由于政府机构对核心业务和政策领域的数据没有统一的数据格式，或者以非结构化的格式保留，造成公众虽然有兴趣利用数据进行创新，但因数据格式不是机器可读文件而受阻（Yang et al.，2015；谭军，2016）。王翔等（2018）通过对我国首个行业性公共数据开放平台"出行云"的案例研究发现，数据安全存在风险是阻碍政府数据开放的重要问题，平台无法对数据流向实现追踪，就会有数据被滥用的风险，造成技术上的数据安全隐患。

（2）组织因素

组织因素包括组织文化、组织财政资源能力、公务员支持度以及是否设立专门的管理机构（谭军，2016；樊博等，2017；黄如花等，2018；陈朝兵等，2020；刘淑妍等，2021；郝文强等，2021；朱春奎等，2021；程风等，2022）。保守的组织文化会阻碍政府数据开放（谭军，2016），政府机构作为开放数据的主体，不仅需要对数据资源的采集负责，还面临数据开放带来的知识产权、隐私保护、公众监督、数据滥用等一系列风险。部分政府机构的变革意愿不足，以保守的策略应对国家层面对于数据开放与共享的要求，例如，不开放或尽量少开放数据，仅开放非关键领域的数据，这就导致开放的数据量不足、数据质量低及数据可用性不强的后果，影响政府数据开放的效果（黄如花等，2018）。组织的财政资源能力也会影响政府数据开放的实践。当政府财政能力较弱时，资源将被优先分配至必要性的公共支出以满足最基本的公共需求；当政府财政能力较强时，富余资源方能被投入开放数据等发展性领域（刘淑妍等，2021）。

设置专门的管理机构是提高政府数据开放水平的关键驱动因素。程风等（2022）对我国省级地方政府开放水平进行研究发现，大数据局是推动包括政府数据开放在内的政府数字化能力提升的主管机构。一方面大数据局的设立反映出当地政府对于数据管理与应用的重视，另一方面数据管理专职机构的设立可以进一步协调各机构力量，推动政府数据开放工作落到实处。同时，组织中成熟的信息架构，即组织制定了信息化方案，并将数据从共享公开到监管和再利用纳入同一框架，也能够帮助组织从全局进行跨部门协调，帮助合理分配组织各方面的资源支持（樊博等，2017）。

此外，组织内工作人员（例如公务员）的支持也十分重要。公务员支持度可分为高层领导的支持度和公务员的行为态度。在我国现行的体制下，上级领导的意志对政府的决策和行动具有一定的影响，高层领导的参与在项目的成功实施中扮演着重要角色（陈朝兵等，2020）。郝文强等（2021）的研究显示，新冠疫情期间，在疫情风险较低的情况下，只要政府核心领导动员积极，依旧能够推动政府开放高质量的疫情数据。朱春奎等（2021）专门就公务员推动政府数据开放意愿的影响因素进行了实证研究，发现公务员推动政府数据开放意愿受到行为态度、感知有用性等因素的正向影响。公务员的行为态度包括其对推动开放政府数据的评价、想法等方面，如果公务员对开放政府数据的评价越高，推动政府数据开放的意愿就越强。同样，如果公务员感受到开放政府数据工作是有价值和收益的，推动政府数据开放的意愿也会越强。

（3）环境因素

环境因素包括政策法规、政府面临的竞争压力和公众信息需求等（Fan et al.，2017；刘成，2018；李梅等，2018；吴金鹏等，2019；王翔、郑磊，2019；韩娜娜，2019；刘淑妍等，2021）。王翔、郑磊（2019）通过对我国数据开放治理实践进行案例分析发现，目前关于政府数据治理的法律法规与政策内容较陈旧，无法适应新环境新问题。相关政策散见于各类文件，缺乏统一和协调；内容较空泛，可操作性不强等。还有研究表明，在政府数据开放过程中，如果政府部门可以制定符合实际情况的整体实施指南、详细的操作规范，将有助于提高政府数据开放的质量（Fan et al.，2017）。

基于我国制度环境，在纵向关系上，中央信号、省级政府的政策执行会对市级政府的政策采纳产生显著正向影响（吴金鹏等，2019），即来自上级政府的压力会影响下级政府开放政府数据的实施效果。在横向关系上，府际竞争压力会激励政府提高数据开放水平，如果地理区位相近或经济社会发展水平相似的同级政府数据开放的水平越高，那么，同级政府面临的竞争压力就越大，就越倾向于提高本地区政府数据开放的水平（刘成，2018；刘淑妍等，2021）。

公民需求也影响政府机构的开放数据实践。提升以公众为中心的公共服务水平，是各级政府开放数据的核心目标之一，历年来的政务改革也将回应公民需求作为政府服务能力建设的重中之重（韩娜娜，2019），因此，在当前的互联网时代，政府部门采集数据资源的重点逐渐由内部各机构使用转向满足社会公众的数据与信息服务需求（李梅等，2018）。互联网用户越多，采纳政府服务和运用政府数据的公众就越多，公众信息需求也会随之增多，成为政府数据开放的重要向导（程风等，2022）。

三 开放政府数据对腐败的防治作用

1. 技术反腐

随着信息技术的飞速发展，运用技术、从实际操作层面来防治腐败成为治理腐败的一个现实选择与可靠抓手。世界各国的反腐败经验表明，制度反腐是从源头上遏制腐败的有效方法。但制度反腐不是万能的，更不是一劳永逸的，任何制度都难免百密一疏（黄威威，2017）。只有在制度为本的基础上辅之以技术利器，才能有效遏制腐败（黄威威，2017）。杜治洲（2011）提出，科技反腐的作用主要体现在三个方面：第一，通过形式新颖的、有效的廉政教育宣传弱化公共权力行使者的腐败动机；第二，通过信息公开、约束刚性化等方式提高制度的执行力和有效性，从而减少腐败机会；第三，通过网络反腐提高腐败行为的发现概率和惩处概率，直接打击腐败行为，形成巨大的威慑力（Srivastava et al.，2016）。他还提出，科技反腐也存在问题和风险：第一，科技发展不平衡导致科技反腐的不平衡；第二，科技反腐有其局限与弊端，例如网络反腐中虚假信息和诽谤信息大量存在；第三，科技手段在反腐倡廉中的应用可能被泛化；第四，廉政教育可能会产生"揭露一小撮，教会一大片"的负面影响；第五，科技反腐存在重视科技创新忽视制度建设的风险（杜治洲，2011）。

2. 电子政务在防治腐败方面的作用

电子政务被普遍认为可以减少腐败并提高政府透明度（Tolbert et al.，2006；Shim et al.，2008；Lio et al.，2011；Elbhanasawy，2014；Zhao et al.，2015；Lee et al.，2016；Srivastava et al.，2016）。电子政务有助于监控公职人员的绩效，并且还为公民提供了与政府机构沟通的渠道。随着规则和程序的标准化，电子政务将自由裁量权和进行任意行动的机会最小化（Bhatnagar，2003）。电子政务还"通过保存关于交易的详细数据增加了风险暴露的机会，从而有可能追踪和腐败行为相关联的不法行为。通过使规则更简单、透明，电子政务使公民和企业能够质疑不合理的程序"（Bhat-nagar，2003）。

张锐昕、刘红波（2010）指出，电子政务的程序"刚性化"有利于严格规制权力运作，堵塞腐败漏洞；电子政务的流程"节点化"有利于绩效评估，追究行政责任；电子政务的运行"实时化"有利于广泛搜集网上舆情，发现腐败线索；电子政务的链接"全球化"，促成多国联合行动，追缉越境逃犯。李卫东、徐晓林（2004）提出，构建电子政务联网核查系统模型，能有效地实现对政府的动态监督，最有效地防范腐败。

Tolbert 和 Mossberg（2006）认为电子政务通过两种途径增强公民对政府的信任：企业家方法和参与式方法。企业家方法源于"新公共管理"变革：将政府重塑为一个客户导向、服务导向、有效和高效的机构（Osborne et al.，1992）。电子政务为政府客户提供了一种灵活而便捷的方式，他们可以随时访问政府，并体验对信息和服务的"一站式购物"。参与式方法，即将信息技术作为建立参与式民主和增强政府信任的最重要工具。立法、议程、政策和联系信息的发布使政府更加透明，公民对政府和政治问题的了解也越来越多。

Cho 与 Choi（2004）将韩国首尔市政府采用的 OPEN 系统（Online Procedures Enhancement for Civil Application）作为一项反腐败改革措施进行了案例研究。OPEN 系统是一项基于网络的服务，用于许可、注册、采购、合同和审批的申请。在线申请消除了申请人与政府机构工作人员之间当面接触或电话联系的必要性，从而减少了双方达成"协议"的机会（Cho & Choi，2004）。Kim 等（2009）也发现，电子政务对腐败产生了切实的影响。在1999年引入 OPEN 系统时，首尔市政府的反腐败指数为64.0，到了2006年增加到84.9，表明透明度稳步提高。OPEN 系统被评为1999～2000年首尔市"最具价值政策"。OPEN 系统在2000年也得到了联合国的认可，并建议推广到其他国家。

总体而言，电子政务被公认为"通过改变政府内部工作流程和与公民之间的外部关系而重塑公共部门的工具"（Shim et al.，2008）。也就是说，在政府内部，电子政务可以减少任意的人为干预并监控公职人员的行为；在政府外部，电子政务可以促进与公民的关系，并提高行政过程的透明度

（Shim et al.，2008）。

3. 互联网在防治腐败方面的作用

杜治洲和任建明（2011）认为网络反腐是指网民在互联网上通过发帖等方式提供腐败行为的线索或证据导致腐败分子被查处的事件，或是被证实为虚假信息的事件，不包括公众在官方网站进行网络举报，他们强调网络反腐中网民主体的主动参与性。肖生福（2012）认为网络反腐通过互联网技术所引起的社会舆论效应，实现对国家公职机关及各类公职人员的监督和对公共权力的约束，从而达到有效预防、遏制、惩戒腐败行为的目的，是反腐倡廉建设的新方式。齐杏发（2013）认为网络反腐是指民众将腐败官员的相关材料在网络上发布，引起网民和纪检系统的关注，并进而查处腐败官员的行为。以上学者的观点强调了互联网在防治腐败当中的工具价值。张亚明等（2011）将网络反腐界定为：整个社会以互联网为载体，以电子政务和网络投诉监督为平台，并且与制度反腐相结合共同促使执政党组织和国家机关及其工作人员遵循廉政法律规范，从而达到遏制腐败的一种方法和手段。这一观点强调网络反腐不但要关注互联网发挥的作用，而且要与制度反腐相结合，符合当下将网络反腐作为传统监督手段和专门机构反腐的重要补充的新趋势，网络反腐已经成为我国改革攻坚时期反腐工作的一种新形势（徐琳，2014）。

肖生福（2012）认为网络反腐的优势在于依赖于网络的开放性、虚拟性和快捷高效的特征，使得监督与被监督的关系空前彰显，反腐成本低、速度快、影响大。李传军等（2014）认为网络反腐具有传统反腐方式不可比拟的优势。首先，极大地简化了举报程序，网民可以通过微博短视频、博客发帖、论坛发帖等多样化的形式予以曝光，无须受到举报材料形式、字数等方面的制约。其次，网络反腐极具眼球效应，社会影响力大，在一定程度上避免了举报材料石沉大海、查处过程不规范等情况。最后，较之官方举报平台的实名制，网络反腐允许虚拟匿名，打消了举报者对可能招致打击报复的顾虑，保护了举报人的权益，从而能够提高其曝光腐败行为的积极性（李传军等，2014）。

在当前网络反腐势头发展迅猛、网络反腐事件数量快速上升的趋势下，民众积极参与反腐败的渠道得到了前所未有的拓展（杜治洲等，2014）。李莉和孟天广（2019）基于全国性网络问政平台——人民网"地方领导留言板"——的数据对公众网络参与反腐败的行为进行了研究，发现民众对于索贿、行贿的投诉比例是腐败犯罪行为投诉中比例最高的两种行为；此外，民众对于与腐败相关的灰色行为的投诉反映出民众对于腐败的理解不仅仅局限于法律界定下的腐败行为，还包括各种灰色行为。李莉、孟天广（2019）通过实证研究充分证明，民众通过网络渠道所进行的政治参与有助于反腐败的深入开展。

4. 大数据在防治腐败方面的作用

学者们对大数据反腐败作用的研究为探索政府数据开放对腐败防治发挥作用奠定了基础。杜治洲和常金萍（2015）通过分析大数据的定义和特点，指出了大数据时代我国反腐败面临的机遇和挑战。大数据可以用来揭示腐败发生发展的规律、为反腐舆情监测提供支持、为发现腐败和调查腐败提供帮助、为个性化廉洁教育提供便利（杜治洲、常金萍，2015）。但值得注意的是，我国目前的大数据应用环境尚不完善，反腐大数据在发挥作用的同时也面临着许多风险，例如，泄露个人信息和威胁国家安全。韩伟（2014）通过分析2013年发生的五个涉腐网络舆论案例指出，当前信息异常庞大且杂乱无章，但通过大数据技术收集、分析这些数据，就能发现这些信息的共性和个性，起到网络监督的效果。此外，彭文龙和郑智斌（2015）在分析网络反腐的国家治理能力愿景时，提出大数据时代的来临为网络反腐的发展提供了广阔的前景。党和政府在网络反腐中不能满足于开门主动接收信息的现状，而应提高主动挖掘、分析和应用信息的能力。

有关大数据反腐的体系及技术，李后强和李贤彬（2015）从腐败防治机制的角度，分析了大数据在惩治腐败、预防腐败、腐败免疫三个层次的作用，构建了基于国内实际的大数据腐败防治机制创新体系，包括腐败行为的认定与识别、腐败严重程度的聚类、腐败表象与内核的正反面莫比乌斯分析、腐败过程的动态反演、腐败行为发生的概率分析、腐败量级的量子跃迁、集体腐败案发机制、腐败集团形成机理、腐败免疫机制设计。洪宇和任建明（2013）在分析我国技术预防腐败演进历程的基础上，提出智能预防腐败系统的建设可从拓宽监督范围、扩大信息共享，增加节点设置、智能分析预警，减少人为干预、智能执行处置三个方面进行。其中，大数据是智能预防腐败系统有效运行的基础。

关于对反腐败工作具有重要作用的数据及指标，过勇和杨小葵（2016）认为，领导干部廉政风险评估指标具体包括：个人基本信息曾出现做假情况；在关键部门和岗位任职的领导干部；关键岗位领导干部临近退休年龄、非异地任职或任职时间过长；行为失常的领导干部；违反出入境相关管理规定或是频繁因私出境的领导干部；配偶和子女移居海外；领导干部配偶及子女经商；资产明显超过家庭收入水平；信访举报件集中的领导干部；年终考核廉洁自律方面得分较低的领导干部；领导干部现任或前任直接下属或秘书被发现有违纪行为。在基于大数据的领导干部廉政风险评估系统建立过程中，需要不断地进行数据模拟，改进评估指标和模型，提高风险识别和评估的有效性。程文浩（2015）指出，在当前的大数据时代，信息获取和共享的成本日益降低，我国应通过强制要求大额收支实行电子支付、建立全国互联的不动产登记系统、严格金融资产实名制管理等措施，全面掌握社会各类资金资产的流转情况，同时加强各管理部门之间的信息共享，及时发现各种可疑操作和利益输送。

马亮（2015）分析了新加坡利用大数据技术快速有效地发现贪腐线索的经验。新加坡大力推动电子交易和网上采购系统，所有政府部门在采购产品和购买服务时都需要通过政府电子商务平台招标。这项举措使政府部门可以监督可疑的采购事项，追踪可能的贪污现象。与此同时，采购同类产品的历史数据也为大数据的积累提供了平台。赵宇和张凯晨（2015）介绍了大数据在境外追逃中的应用。他们提出，在境外追逃追赃工作中，利用大数据思维，放弃对在逃人员诸多复杂信息的人工研判，而采用大数据分析直接对犯罪分子的外逃情况进行评估，具有提高办案效率、缩短办案周期、节约工作成本等重大意义（赵宇、张凯晨，2015）。

5. 开放政府数据在防治腐败方面的作用

近年来，随着全球开放数据运动的兴起和建设透明政府的需要，有关开放政府数据的研究成果迅速累积。如前所述，学者们对开放政府数据的内涵、作用、现状和问题进行了探讨。但是，有关开放政府数据在反腐败工作中作用的研究不多，相关研究主要散见于技术反腐的文献中，并主要来源于国外研究机构和学者。

（1）欧盟委员会的 TACOD 项目

2015 年，欧盟委员会启动了运用开放数据惩治腐败的项目 TACOD（Towards a European Strategy to Reduce Corruption by Enhancing the Use of Open Data），英国是该项目的试点国家之一。TACOD 英国团队将已公布的腐败案例按照腐败行为（贿赂行为、诈骗行为、未声明的利益冲突与滥用公共资金、不当游说行为）进行了分类，重点关注了腐败行为被揭露的方式，揭示了不同数据集对不同腐败行为的作用和价值。该项目共运用腐败案例 95 个，包括 2009 年到 2014 年透明国际英国团队所运用的腐败案例以及 2012 年到 2014 年间每日腐败新闻（Daily Corruption News Alert）中出现过的英国案例。TACOD 研究团队发现，揭露腐败行为最多的是执法部门（34%），然后依次是调查记者（25%）、信息自由请求（14%）、举报（13%）、开放数据（7%）。虽然开放数据揭露的腐败行为只占 7%，但是开放政府数据有潜力成为反腐败的重要工具。如果某些关键数据及早公开的话，大量腐败行为就可以更早地被发现和侦测（David-Barrett et al.，2015；赵雪娇等，2017）。

政府数据开放具有侦测和震慑两种作用（David-Barrett et al.，2015）。开放数据在防治腐败方面存在巨大的潜力，数据的开放将会对预防和发现腐败行为起到重要作用（赵雪娇等，2017）。首先，开放数据会增强对政府支出和行为的监督，允许公民和社会组织识别可疑的或不正常的行为，从而使更多的腐败案件得以破获；其次，政府数据的开放可以使腐败官员被抓获的可能性增大，使腐败行为的成本超过可能带来的利益。因而，政府数据开放对官员具有震慑作用。

（2）G20 国家履行"开放数据反腐原则"的评估研究

2015 年，G20 组织设计了反腐败开放数据原则（Anti-Corruption Open Data Principles），作为运用开放数据以实现透明和问责文化的第一步，以期解决腐败问题。2016 年底，透明国际与万维网基金会（World Wide Web Foundation）共同评估了 5 个 G20 国家（巴西、法国、德国、印度尼西亚和南非）应用和实施"开放数据反腐原则"的情况。总体而言，在所研究的五个国家中，G20 开放数据原则的实施情况欠佳，法国在一系列定性和定量指标方面表现最佳，印度尼西亚则表现最差。虽然需要更多关于开放数据的证据和案例，但开放数据作为反腐败驱动因素和推动者的潜力是显著的，还有待实现（Vrushi et al.，2017）。该研究同时表明，开放数据政策和反腐败工作目前正在彼此割裂发展。尽管开放数据指标的绩效与对腐败控制的认知高度相关，但两个领域之间缺乏协作，从而错失了更有效处理腐败问题的机会（Vrushi et al.，2017）。

目前，国内关于开放政府数据对反腐的作用的研究仍较少。作者在中国知网数据库中使用"政府数据开放"（或"开放政府数据""开放数据""数据开放"）和"腐败"（或"反腐败""反腐""廉洁""廉政"）作为关键词进行搜索，截至 2022 年 8 月 24 日只找到了 3 篇相关文献。赵雪娇、张楠、孟庆国（2017）从英国 TACOD 项目关于开放数据防治腐败的报告入手，尝试构建了基于开放政府数据的腐败防治框架，并基于该框架剖析了英国政府数据开放行动的政策法规、组织机制以及开放内容，并在此基础上提出我国开放政府数据以及运用开放数据防治腐败的对策建议。郭少友等（2018）重点介绍了"反腐败开放数据"的概念，他们认为，在反腐败过程中能发挥积极作用的开放数据可被称为反腐败开放数据。国外的基本问题研究主要集中在开放数据的反腐败作用、反腐败开放数据的类型和标准、政策保障措施等几个方面，存在研究不够系统全面、权威成果较少等问题；在实践研究方面，主要集中在软件系统构建、案例分析等方面，讨论预防型反腐败软件系统的研究成果较多，讨论检测型反腐败软件系统的研究成果较少（郭少友等，2018）。潘楚雄（2014）从海关廉政能力建设的角度提出，要根据内部用户、综合用户和外部用户不同需求逐步开放海关数据，提升现场监管、打击走私的能力，为海关反腐倡廉营造良好的贸易环境和执法环境。

此外，还有一些研究间接提到了数据开放对反腐败的重要意义。例如，胡小明（2015）指出，政府数据开放强调的是"数据"，特别是"原始数据"的彻底开放，这时公众监督的不仅是政府的行为与态度，还能够监督政府决策的合理性与决策依据，要求政府更透明，有利于防治腐败。

本部分对开放政府数据与腐败的相关文献进行了回顾，主要包括开放政府数据的价值、挑战、现状及影响因素，腐败的危害、现状与影响因素，以及电子政务、互联网、大数据、开放政府数据在防治腐败方面的作用。综上所述，目前我国对开放政府数据的防治腐败作用的系统性研究较少，大多是有关大数据在反腐败方面描述性的、方向展望性的描述，缺乏实证研究。此外，开放数据是运用大数据的前提，如果数据不开放，大数据技术就是无源之水、无本之木。与此同时，一些国际组织和国外政府已经展开了利用开放政府数据进行反腐败的实践，这些宝贵的经验亟待梳理，以找到适合我国国情的反腐败手段。

第四节 本书结构安排

本书的研究目标在于探索开放政府数据对腐败的防治作用，并提出如何利用开放政府数据的先进理念和手段来解决我国的腐败问题。当前，我国的反腐败斗争形势依然严峻复杂。本研究旨在从腐败的危害和影响因素着手，结合开放政府数据的内涵，构建面板数据模型检验开放政府数据对防治腐败的作用，并在梳理国外利用开放政府数据反腐败经验的基础上，进行访谈与调查，提出新形势下我国通过开放政府数据防治腐败的对策建议。本书主要包括以下几个方面。

第二章在委托-代理模型的基础上，提出本报告的分析框架与研究设计，包括研究问题、研究假设、模型设定、变量测量、数据来源、样本、案例选择等。具体来说，本研究运用混合方法，包括面板数据分析、案例分析、问卷调查与访谈法。

第三章利用长达 4 年、覆盖 106 个国家的面板数据，对开放政府数据水平与腐败程度的关系进行了探索分析。

第四章对透明国际发布的 3 个运用开放政府数据治理腐败的案例进行分析，并将定量研究的结果在 3 个国家和地区中进行初步验证。

第五章展示了问卷调查、焦点小组访谈和一对一深度访谈的结果，主要包括我国公众和公共部门工作人员对开放政府数据的内涵、开放政府数据腐败防治作用和如何通过开放政府数据防治腐败的看法和建议。

第六章总结了本研究的基本结论和创新点，初步提出我国运用开放政府数据防治腐败的对策建议，最后分析了本研究的局限，并在此基础上提出未来的研究方向。

附录 A、附录 B 和附录 C 分别是本研究的调查问卷、访谈提纲和部分访谈笔记。

第二章 分析框架与研究设计

第一节 分析框架：委托-代理理论

委托-代理理论是腐败研究中经常被引用的一个理论（Norris et al.，2005；Klitgaard，2006；Lindstedt et al.，2010；Lio et al.，2011；Ugur et al.，2011；Elbahnasawy，2014）。根据对 115 项腐败研究的元分析（meta-analysis），Ugur 等（2011）发现在这些研究中，有的明确说明其运用了代理理论，或者他们的分析与该理论密切相关。代理理论有助于探索政府数据开放如何改变委托人与代理人之间的关系并起到反腐败的作用。在委托-代理关系中，委托人通常拥有权力或责任，代理人通常掌握专业知识和技能（Zhao et al.，2015）。委托人期望代理人做出有利于委托人的选择，但二者的利益并不永远是一致的。二者之间存在信息不对称，而且代理人通常拥有更多的信息，委托人很难监督代理人的行为，所以代理人有一定的自由裁量权。当两者的利益相左，代理人为了自己的利益而牺牲了委托人的利益，腐败行为就可能发生。

政府数据的开放可以缓解这一现象（见图 2-1）。政府数据部分开放后，公众（委托人）能够接触到以前不公开的数据，可以更容易、更迅速地发现腐败的迹象，例如资金的浪费和合同集中到某些公司的异常行为，从而促进问责与监督。此外，公众（委托人）可以利用已开放的数据进行关联、比对、分析，进而侦测腐败行为，并要求政府部门（代理人）开放更多的数据，数据反映政府运行情况和所暴露的问题，有利于促进政府内部管理，约束政府部门工作人员的行为，从而增强政府部门的责任感。当政府部门（代理人）充分认识到开放数据的作用时，会加大力度向公众宣传开放数据，并进行相关培训，鼓励公众积极利用开放的政府数据。总之，从开放政府数据的作用来看，一方面，政府数据反映了政府的绩效和存在的问题，使政府内部部门的绩效具有可比性，并约束政府官员的行为；另一方面，从外部来看政府数据的开放减少了政府部门与公众之间信息不对称的情况，有利于促进公众监督，增强公共部门的责任感。

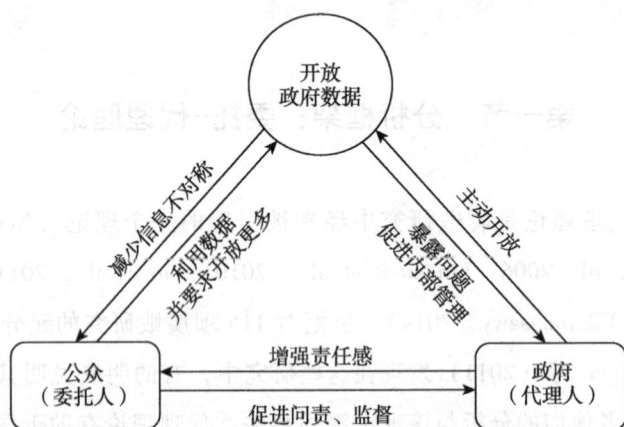

图 2-1 开放政府数据与委托－代理理论

第二节 研究设计：一个混合方法研究

本书的研究问题是：开放政府数据是否对腐败有防治作用？基于前期的文献综述和理论分析，本研究的中心假设是：政府数据的开放度与腐败程度是负相关的关系。也就是说，一个国家的政府数据开放度越高，它的腐败程度将会越低。

为了探究开放政府数据是否对腐败有防治作用，本研究将运用混合方法（mixed-methods approach）开展。根据 Creswell 等（2007）的定义，混合方法研究是一种包含了哲学假设和调查方法的研究设计。作为方法论，它包含一些哲学前提假设，这些前提假设在多个研究阶段引导着数据收集和分析、定性定量方法整合。作为一种方法，它关注单个或系列研究中定性和定量数据的收集、分析与混合。它的核心前提是：比起单独使用定性或定量方法，结合使用两种方法，能够更好地解答研究问题（Creswell et al.，2007）。

首先，本研究将运用长达 4 年、覆盖 106 个国家的面板数据来探索开放政府数据水平与腐败程度的关系；其次，本研究将对透明国际发布的 3 个运用开放政府数据治理腐败的案例进行分析，并将定量研究的结果在 3 个国家和地区中进行验证（见图 2-2）。此外，本研究还将对公众和公共部门工作人员进行问卷调查和访谈，收集我国公众和公共部门工作人员关于开放政府数据对反腐败作用的看法和建议，以及了解目前反腐败工作中亟须开放的数据种类等。普林斯顿大学教授 Lieberman（2005）认为，"混

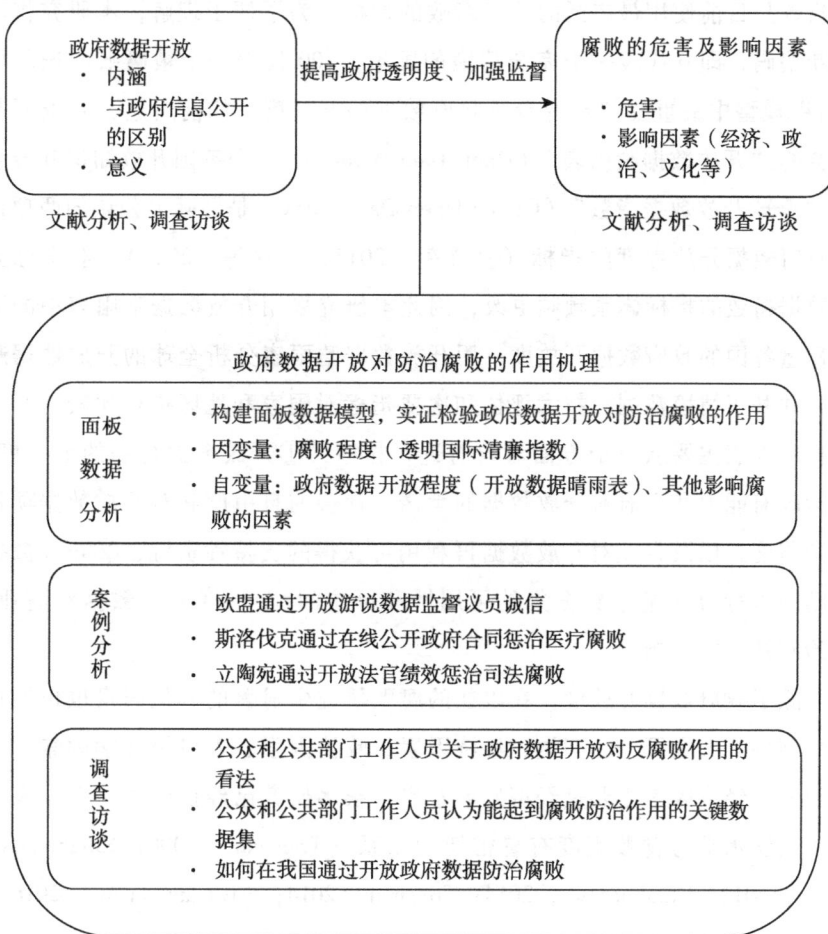

图 2-2　研究方法

合策略的使用有助于克服潜在的偏见来源，并且有助于识别那些在单独进行小样本分析或大样本分析中产生的虚假发现。这种方法特别适合跨国家的分析，在这种分析中，调查人员不仅对一般的模式感兴趣，而且对具体的国家案例也感兴趣"（Lieberman，2005）。

1. 面板数据分析

（1）变量测量

开放政府数据在治理腐败方面的作用是本研究的主要关注点。在本研究中，腐败的程度是因变量。参照以往研究，本研究采用透明国际的清廉指数（Corruption Perceptions Index，CPI）来衡量各国不同的腐败程度。清廉指数是目前使用最广泛的关于腐败的指标。为了便于理解，本研究将其重新编码，即 0 代表一个完全清廉的国家，100 代表一个被腐败渗透的国家。[①] 模型中最重要的自变量是政府数据的开放度。如前所述，万维网基金会的"开放数据晴雨表"（Open Data Barometer）和英国开放知识基金会的"全球开放数据指数"（Global Open Data Index）是国际上公认的两项评估政府数据开放程度的指标（夏义堃，2015；郑磊等，2015）。但全球开放数据指数的指标体系频频更改，因此本研究采用开放数据晴雨表中的数据衡量各国的政府数据开放度；用开放数据晴雨表分析全球的开放数据趋势，并基于情境数据、技术评估和次要指标对国家和地区进行比较。开放数据晴雨表主要从三个方面对政府进行排序：①开放数据行动的准备度，包括政府能力和政府对开放数据的承诺、社会的自由度和对开放数据项目的参与度，以及企业对开放数据再利用可获得的支持性资源；②开放数据行动的执行力（基于数据集的可用性和可访问性）；③开放数据对商业、政治和社会的影响。

除了政府数据开放度，在以往的腐败研究中显著的其他因素也包括在了模型中。大致可分为四类：经济因素、政治因素、人口统计学因素、文化因素。经济因素主要是经济发展水平。很多研究已经证明了一个国家的经济发展水平与腐败程度有着密切的联系（Treisman，2000；Elbhanasawy et al.，2012；Elbhanasawy，2014；Treisman，2014；Srivastava et al.，2016）。

---

① 重新编码前，100 代表一个完全清廉的国家，0 代表一个被腐败渗透的国家。

在本研究中，经济发展水平由各国的人均 GDP 来衡量。

政治因素包括政治制度、政府规模、法治水平、媒体自由、公众参与。很多学者提出政治制度也影响着一个国家的腐败程度（Treisman，2000；Lederman et al.，2005）。由于缺乏责任机制和透明机制，专制国家一般会比民主制国家更腐败。政治制度的数据来源于 Polity IV 项目，该数据集提供了包括所有主要独立国家 1800 年至 2016 年间的年度时间序列数据。它是研究政权更迭和政权影响使用最广的数据。在本研究中，我们使用综合政体指数来衡量政治制度（-10＝世袭君主制；10＝巩固的民主）。除此之外，政府规模也是影响腐败程度的一个因素。公共部门规模越大，寻租的机会也越多（Fisman et al.，2002）。许多学者也提出较高的法治水平会减少腐败行为（Damania et al.，2004；Elbahnasawy，2014）。Elbahnasawy（2014）认为，财产权指数可以被用来作为衡量法治水平的指标。依靠调查数据和独立评估，传统基金会（Heritage Foundation）的产权指数提供了一个可量化的标准，衡量一个国家的法律保护私有财产权的程度，以及这些法律被遵守和执行的程度。此外，媒体自由赋予了媒体揭露权力滥用的使命和权利，从而也有利于腐败行为的曝光（Brunetti et al.，2003）。国际非政府组织自由之家（Freedom House）一直在发布媒体自由报告，该报告评估了 199 个国家的媒体自由程度（0＝最自由；100＝最不自由）。为了便于理解，我们也将其重新编码，即"0"代表最不自由，"100"代表最自由。此外，公众参与也会加强公众监督并减少腐败（Treisman，2000）。本研究中运用联合国电子政务调查中的电子参与指数（E-Participation Index，EPI）来衡量公众参与的程度。电子参与指数主要关注在线服务的使用是否能够方便政府向公民提供信息（"电子信息"）、与利益相关者进行互动（"电子咨询"），以及公民参与决策过程（"电子决策"）。

人口统计学因素主要包括城市化水平和女性领导比例。如前所述，Swamy 等（2001）发现，女性占据更多议会席位和政府重要职位的国家的腐败程度较低。此外，城市化水平越高，腐败程度越低。城市人口通常更具有参政热情，也会更关注政府运作过程和政府官员的行为（Elbahnasawy et al.，2012；Elbahnasawy，2014）。

此外，很多学者指出文化也是各国腐败程度不同的原因之一，而且国外学者们常用宗教来测量文化的影响（Bardhan，1997；Martin，2001；Brunetti et al.，2003；Chang et al.，2007）。在这里，一个国家中没有宗教信仰的人所占的比例被用来测量这个国家中的文化因素的影响程度。皮尤研究中心（Pew Research Center）的全球宗教形势报告（Global Religious Landscape Report）提供了全世界主要宗教团体规模和分布的详细信息，可用于衡量宗教变量。

（2）数据来源与研究样本

本研究的数据主要来自世界银行的世界发展指标（World Development Indicators，WDI），包括人均GDP，城市化水平和女性领导比例。此外，如前所述，政府规模和法治水平的数据来源于传统基金会，政治制度的数据来源于Polity IV项目、媒体自由度的数据来自自由之家的媒体自由报告、公众参与度的数据来源于联合国电子政务调查。所有变量的定义、指标和来源详见表2-1。

根据可获取性，本研究的数据集是一个长达4年（2013年至2016年）、覆盖106个国家的面板数据。样本中的106个国家包括36个高收入国家，29个中高收入国家，25个中低收入国家和16个低收入国家（见表2-2）。[①] 高收入国家的比例较高的原因是这些国家通常拥有更好的资源和基础设施来收集和发布全国数据。本研究中的数据是一个不平衡的面板数据，因为样本中的国家拥有不同数量的时间序列观测值。

与时间序列或截面数据相比，使用面板数据具有如下优势。首先，它能够对未观察到的个体异质性进行控制。个人、公司、国家均是异质的。不能控制异质性的研究很可能会产生有偏差的结果。其次，面板数据可以提供"更丰富的数据、更多的可变性、更少的变量之间的共线性、更多的自由度和更高的效率"（Baltagi，2005）。根据Eom等（2007）的观点，与截面数据相比，"使用面板数据的根本优势"在于其可以让研究人员使用先验和后验数据检查因果关系。用截面数据进行分析只能检验单个时间点的关系，因此"很难确定哪个变量影响其他变量，因为它缺乏时间维度，

①　根据世界银行的数据，国家可按2011年人均国民总收入分为四类：低收入国家（1025美元及以下）、中低收入国家（1026~4035美元）、中高收入国家（4036~12475美元）和高收入国家（12476美元及以上）。

而时间维度是因果关系的重要组成部分之一"（Eom et al.，2007）。此外，"面板数据研究重复的横截面观测值，所以更适合研究变化的动态性"（Gujarati，2004）。面板数据在"分析政策的渐进变化、比较政策机构或概括跨组织的实质关系"方面十分有用，所以面板数据是可以"被用于回答公共管理领域研究问题的强大研究设计"（Zhu，2013）。

（3）模型设定

固定效应模型和随机效应模型是面板数据分析中最常用的两种模型。固定效应模型假定未观测到的异质性与解释变量相关，而随机效应模型则与之不同；随机效应模型假设难以观测的、各国不同的效应（the unobservable country-specific effect）是一个随机扰动项。本研究进行了豪斯曼检验（Hausman Test）以便从固定效应模型和随机效应模型中进行选择。豪斯曼检验比较零假设下的固定与随机效应，即个体效应独立于模型中的其他解释变量（Baltagi，2005；Greene，2011）。如果零假设被拒绝，则固定效应模型优于随机效应模型。结果证明，与随机效应模型相比，固定效应估计法在本研究的几乎所有模型中都是首选。

然而，固定效应模型不能估算不随时间变化变量的系数，例如本研究中的宗教变量。此外，很多学者指出，当面板数据集包含更多截面维度上的变化而不是时间维度上的变化时，随机效应模型将会更有效（Zhu，2013；Elbahnasawy，2014）。固定效应模型由于包括大量的虚拟变量来解释每个单位不可观测的异质性，从而会吸收截面维度上大部分的变化（Baltagi，2005；Zhu，2013）。根据 Zhu（2013）的建议，分析面板数据集的第一步是检验因变量在 T（时间）和 N（截面）两个维度上的性质，此外还需要考察因变量的实质性特征。在拥有 4 年腐败数据的 77 个国家中，每个国家内的腐败情况在 2013 年至 2016 年间变化较小，而国与国之间的差异较大。所以，合适的面板模型应当能够捕捉到国与国之间的差异。由于固定效应模型会包括国家虚拟变量而吸收掉国家间的差异，从这个角度来讲，随机效应模型会更合适（Judge et al.，1985；Elbahnasawy，2014）。此外，LM 检验结果也表明随机效应模型是适合本研究的模型。Breusch 与 Pagan 于 1980 年提供了检验个体效应的 LM 检验（LM test for individual-specific effects），其原假设为不存在个体随机效应。在对模型进行估算之前，本研究对每一个随机效应模型进行了 LM 检验。检验结果均强烈拒绝 "不存在个体随机效应"的假设，即认为在随机效应与混合回归之间，应该选择随机效应。

表 2-1　变量的定义、变迁、指标、来源以及与被解释变量的预期关系

变量	变量标签	指标	来源	与被解释变量的关系（假设）
腐败程度	COR	重新编码后的清廉指数（从 0 到 100），即 0 代表一个完全清廉的国家，100 代表一个被腐败渗透的国家	透明国际	—
政府数据开放度	ODB	开放数据晴雨表主要从三个方面对政府进行排序：①开放数据行动的准备度，包括政府能力和政府对开放数据的承诺、社会的自由度和对开放数据项目的参与度以及企业对开放数据再利用可获得的支持性资源；②开放数据行动的执行力（基于数据集的可用性和可访问性）；③开放数据对商业、政治和社会的影响	万维网基金会	负相关
实际人均 GDP	RGDP	实际人均国内生产总值（constant 2000 dollars）	世界银行	负相关
政治制度	REGIME	综合政体指数。-10＝世袭君主制；10＝巩固的民主	Polity IV 项目	负相关
政府规模	GOVS	政府支出在 GDP 中所占的比例	传统基金会	正相关
法治水平	LAW	财产权指数提供了一个可量化的标准，衡量一个国家的法律保护私有财产权的程度，以及这些法律被遵守和执行的程度	传统基金会	负相关
媒体自由	PRESSF	印刷、广播和数字媒体自由度。重新编码后"0"代表最不自由，"100"代表最自由	自由之家	负相关
公众参与	EPAR	电子参与指数包括以下三个方面。①电子信息：通过向公众提供公开的信息和获取信息的渠道（需要或不需要提出请求）促进参与。②电子咨询：增强公众参与对公共政策和服务的贡献。③电子决策：通过共同设计政策选择和共同生产公共服务而赋予公众权利	联合国	负相关

续表

变量	变量标签	指标	来源	与被解释变量的关系（假设）
城市化水平	URB	城市人口在总人口中的比例	世界银行	负相关
女性领导比例	FEL	女性在全国立法机构中的席位比例	世界银行	负相关
宗教	RELIGION	截至 2010 年，不信仰宗教人口的百分比	皮尤研究中心	正相关

资料来源：自由之家（https：//freedomhouse. org/report-types/freedom-press）、传统基金会（http：//www. heritage. org/index/book/methodology#rule-of-law）、开放数据晴雨表（http：//opendatabarometer. org/？_year = 2016&indicator = ODB）、Polity IV 项目（http：//www. systemicpeace. org/polity/polity4. htm）、皮尤研究中心（http：//www. pewforum. org/global-religious-landscape. aspx）、透明国际（http：//www. transparency. org/research/cpi/）、世界银行（http：//data. worldbank. org/indicator）、联合国（https：//publicadministration. un. org/egovkb/en-us/About/Overview/E-Participation）。

表 2-2　样本中所包含的国家①

高收入国家 （12476 美元及以上）	中高收入国家 （4036~12475 美元）	中低收入国家 （1026~4035 美元）	低收入国家 （1025 美元及以下）
澳大利亚	阿尔巴尼亚	孟加拉国	贝宁
奥地利	阿根廷	玻利维亚	布基纳法索
巴林	白俄罗斯	喀麦隆	刚果
比利时	波斯尼亚和黑塞哥维那	科特迪瓦	埃塞俄比亚
加拿大	博茨瓦纳	萨尔瓦多	海地
智利	巴西	格鲁吉亚	马拉维
捷克共和国	保加利亚	加纳	马里
丹麦	中国	危地马拉	莫桑比克
爱沙尼亚	哥伦比亚	印度	尼泊尔
芬兰	哥斯达黎加	印度尼西亚	卢旺达
法国	克罗地亚	约旦	塞内加尔
德国	多米尼加共和国	肯尼亚	塞拉利昂
希腊	厄瓜多尔	吉尔吉斯斯坦	坦桑尼亚
匈牙利	牙买加	摩尔多瓦	多哥

---

① 根据世界银行的数据，国家可按 2011 年人均国民总收入分为四类：低收入国家（1025 美元及以下）、中低收入国家（1026~4035 美元）、中高收入国家（4036~12475 美元）和高收入国家（12476 美元及以上）。人均国民总收入以美元为单位，使用世界银行 Atlas Method 计算。国民总收入估计值由世界银行各国分支机构的经济学家提供；人口规模则由世界银行人口学家根据各种来源（包括联合国每两年发布的《世界人口展望》）估算。

高收入国家 （12476 美元及以上）	中高收入国家 （4036~12475 美元）	中低收入国家 （1026~4035 美元）	低收入国家 （1025 美元及以下）
爱尔兰	哈萨克斯坦	摩洛哥	乌干达
以色列	黎巴嫩	缅甸	津巴布韦
意大利	马其顿	尼日利亚	
日本	马来西亚	巴基斯坦	
拉脱维亚	毛里求斯	菲律宾	
荷兰	墨西哥	塔吉克斯坦	
新西兰	纳米比亚	突尼斯	
挪威	巴拿马	乌克兰	
波兰	巴拉圭	越南	
葡萄牙	秘鲁	也门	
卡塔尔	俄罗斯	赞比亚	
沙特阿拉伯	南非		
新加坡	圣卢西亚		
斯洛伐克共和国	泰国		
西班牙	土耳其		
瑞典			
瑞士			
特立尼达和多巴哥			
阿拉伯联合酋长国			
英国			
美国			
乌拉圭			
36 个	29 个	25 个	16 个

然而，随机效应模型未考虑内生性问题。Lee、Lio（2016）和 Lio、Liu 与 Ou（2011）在分析信息与通信技术对腐败的影响时指出，腐败程度较低的政府可能不会担心互联网对腐败的影响，因此有利于信息与通信技术的发展。来自这种反向因果关系的反馈效应可能导致估计结果向上偏差。在本研究中，腐败程度也有可能会影响开放政府数据的进度，腐败程度较低的国家同样可能不惧怕数据开放的后果，因而不会对开放数据行动设置障碍。此外，我们不能排除存在同时发生或选择性偏差的可能性。样本中国家的一些未观察到的特征也可能会影响开放政府数据的开展和实施。

此外，以往的研究也提出腐败具有持续性或惯性，即腐败是有关它的初始程度的一个函数（Mauro，1995；Lio et al.，2011）。腐败的滞后性可能是由习惯造成的心理原因所导致的（Elbahnasawy，2014）。例如，腐败的官员可能不会在电子政务快速发展或互联网普及率提升后立即停止腐败行为，尽管腐败行为的代价在这种情况下会更高。对于那些习惯了从寻租机会中获得巨额收入的腐败官员来说，行为改变的过程可能涉及更高的成本，因为停止腐败行为意味着利益的巨大损失（Elbahnasawy，2014）。对腐败惯性的另一种可能的解释是，政府在引入新改革方面的滞后，以及政府官员的实际执行力的滞后（Elbahnasawy，2014）。

考虑到腐败的惰性，同时为了检验随机效应模型结果的有效性并解决内生性问题，本研究也使用了动态面板模型。动态面板模型通过控制固定效应较好地克服了变量遗漏问题，且还较好地克服了内生性问题。具体到本研究而言，影响政府数据开放度对腐败作用的变量远远不止本研究所选择的变量，但是由于数据的可得性和模型简化，本研究只能选择上文所提及的几个变量，对模型分析来说，遗漏变量可能会产生严重的内生性问题，因此根据 Arellano 等（1991）对动态面板模型的解释，在模型中引入因变量的滞后一期，由于因变量的滞后一期会包含因变量的很多信息（如可观测到的和未观测到的影响当前腐败程度的历史因素），引入因变量的滞后一期后的动态面板模型将会很好地解决由于遗漏变量所产生的内生性问题（Arellano et al.，1991；Elbahnasawy，2014；郭蕾等，2016）。

关于动态面板模型参数的估计方法，由于在动态面板模型中引入了因变量的滞后一期进行回归，如果使用传统的最小二乘法或者一阶差分的最小二乘法对参数进行估计，会使得估计出来的系数不满足无偏性和有效性的要求，这个时候对参数进行检验，可能会出现错误判断参数显著性的问题（郭蕾等，2016）。解决这个问题的办法之一是使用广义矩估计方法（Generalized Method of Moments，GMM）。在普通最小二乘法、广义最小二乘法等传统的估计方法中，当对参数的估计都必须满足某些假设时，其中最重要的一个假设是随机误差项服从于某一个确定的分布，这个时候估计出来的参数才满足一致性。而广义矩估计方法在估计参数时，并不要求随机误差项满足某一个确定的分布，而且广义矩估计还允许随机误差项存在异方差和与序列相关，因此使用广义矩估计方法对参数进行估计时，比传统的方法更有优势，估计出来的参数也更加有效（郭蕾等，2016）。

此外，本研究使用的是系统广义矩估计方法，政府数据的开放度被视为内生变量。

综上所述，本研究的估计模型如下：

随机效应模型：$CORRUPTION_{it} = \alpha + X'_{it}\beta + \mu_i + \nu_{it}$ （1）

GMM 模型：$CORRUPTION_{it} = \Psi CORRUPTION_{it-1} + X'_{it}\beta + \mu_i + \nu_{it}$ （2）

其中，

$CORRUPTION_{it}$：国家 i 在 t 年的腐败程度

$CORRUPTION_{it-1}$：国家 i 在 $t-1$ 年的腐败程度

X'_{it}：解释变量

μ_i：不可观测的、不随时间而变的某个国家特有的效应

ν_{it}：其他扰动项

2. 案例研究

（1）案例研究的优势

为了探索开放政府数据在腐败防治方面的作用及具体作用机制，本研究还进行了案例研究。案例研究的优势在于能够探索因果关系的作用机制。案例研究详细地考察了个别案例中因果机制的运作方式。在一个案例中，我们可以观察大量的中间变量，并识别出激活了因果机制的具体条件（George et al.，2005）。根据 Gerring（2004）的观点，构建良好的案例研究"让人们能够窥视到因果关系中某些原因和其结果之间的中间原因（the intermediate causes）。理想情况下，案例研究可以让我们'看到' X 和 Y 如何相互作用，就像台球穿过桌子，撞到第二个球一样"（Gerring，2004）。Yin（2003）认为，当研究涉及"为什么"或"如何"的问题时，案例研究的策略是恰当的。本研究的目标是探究开放政府数据如何防治腐败，因此，案例研究是一种适当的研究方法。通过搜集不同国家、地区和组织利用开放政府数据防治腐败的案例，将腐败相关理论应用到案例分析中，有助于我们深入理解政府数据开放在增强监督、提高政府透明度方面的重要性，并找到与我国国情相符的治理措施。

（2）案例的选择

作为世界上最大的反腐败国际组织，透明国际近年来积极提倡利用开放政府数据防治腐败，并于 2016 年发布了 3 个国家和地区的实例——欧盟

通过开放游说数据监督议员诚信、斯洛伐克通过在线公开政府合同惩治医疗腐败、立陶宛通过开放法官绩效惩治司法腐败——旨在为不同国家的政策制定者和实践者提供指导，以便使用特定数据集来预防、监测和调查腐败行为。透明国际致力于建设一个没有腐败的世界，在这个世界里，政府、企业和公众的日常生活都不受腐败的侵蚀。透明国际在全世界共有100多个分会，是全球性的反腐败组织。所以，由透明国际发布的案例具有可信度。3个案例都来源于透明国际的区域或国家分会，并聚焦利用开放数据集来解决腐败问题，因此十分适合本研究的研究问题。此外，3个案例涉及不同的领域和部门，包括立法部门、医疗部门和司法部门，具有一定的代表性。

（3）数据来源

案例研究的数据主要来源于透明国际、开放知识基金会、万维网基金会发布的报告以及欧盟、斯洛伐克、立陶宛三个国家和地区的开放政府数据反腐败的在线平台、相关政府文件、报告及新闻报道。Huberman 与 Miles（1994）认为，质性资料"具有丰富性与整体性，更有可能展现复杂性；这样的资料提供了'浓厚的描述'，生动地嵌入其脉络里，犹如拥有真相的指环（ring of truth），可以让读者受到深刻的影响"。我们将这些文献和数据分为了四类：开放数据、反腐败、全球、具体地区或国家（如表2-3）。笔者通过反复阅读、做笔记等方式，结合面板数据的分析结果，重点关注和分析了欧盟、斯洛伐克、立陶宛的腐败现状、开放数据行动的总体情况、开放数据反腐败具体项目的开放数据平台（已经开放的有利于揭发腐败行为的具体数据集及格式）、相关政策法规、组织机制、媒体的作用以及反腐败的效果（见图2-3）。

表 2-3　案例研究的部分数据来源

文献或网站名称	来源	类别
Open Data Barometer Global Report（1st，2nd，3rd，4th edition）	万维网基金会	开放数据、全球
Global Open Data Index（2013，2014，2015）	开放知识基金会	开放数据、全球

文献或网站名称	来源	类别
Open Data to Fight Corruption Case Study：The EU and Lobbying	透明国际	开放数据、反腐败、欧盟
欧盟议员诚信监督网站（www.integritywatch.eu）	欧盟	开放数据、反腐败、欧盟
Open Data to Fight Corruption Case Study：Slovakia's Health Sector	透明国际	开放数据、反腐败、斯洛伐克
斯洛伐克政府合同公开网站（http：//tender.sme.sk）	斯洛伐克	开放数据、反腐败、斯洛伐克
Open Data to Fight Corruption Case Study：Lithuania's Judiciary	透明国际	开放数据、反腐败、立陶宛
立陶宛司法绩效网站（www.atvirasteismas.lt）	立陶宛	开放数据、反腐败、立陶宛

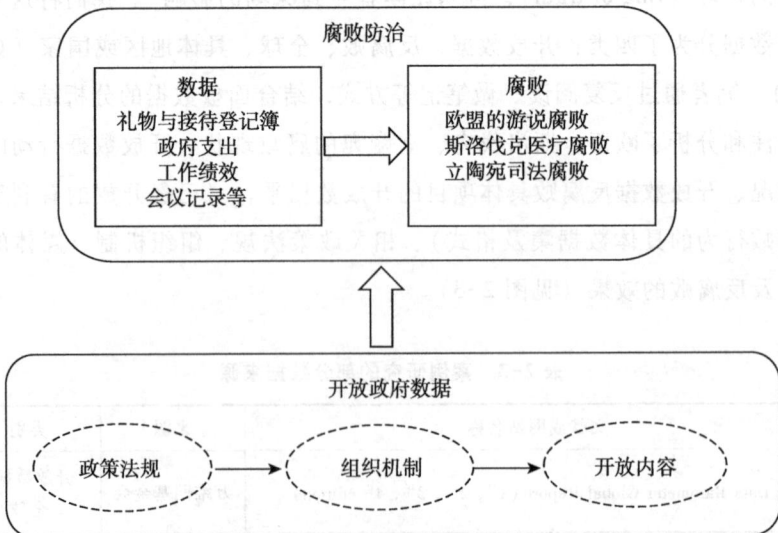

图2-3 案例分析框架

3. 问卷调查与访谈

本研究还使用了问卷调查法、深度访谈和焦点小组访谈法，通过发放统一设计的问卷向公众和公共部门工作人员了解情况，并通过访谈补充收集相关资料，深入理解受访者对于开放政府数据防治腐败的看法。

（1）问卷调查

问卷调查法是指调查者遵循科学的原则、步骤和方法设计问卷，然后将问卷发送给或者邮寄给被调查者，由被调查者自己阅读和填答，再由调查者收回资料的收集方法。问卷在形式上是一份精心设计的问题表格，用于测量被调查者的行为、态度和社会特征，收集被调查者对调查问题的看法及意见（风笑天，2019）。在本研究中采用问卷调查法主要考虑到其以下优点。第一，不受时空限制，可以同时对多个调查对象展开调查。本研究的研究对象是公众和公共部门工作人员，研究团队通过线上和线下形式在同一时间段内给多人发送问卷，在节约成本的同时可以尽可能多地获取信息。第二，采用问卷调查标准化程度高。标准化问卷有利于被调查者正确理解问卷问题，方便被调查者根据自身情况作答，节约回答时间，提高调查效率。本研究需要进行定量分析得出结论，问卷调查法的调查结果便于统计和进行后续的定量分析。第三，问卷调查具有匿名性。本研究需要向被调查者征集的部分信息可能较为敏感，匿名化问卷可以有效地保护受访者的个人信息，促使被调查对象有意愿根据实际情况完成调查，提高问卷的回收率和有效率。

本研究根据调查对象的不同，包括公众篇和公共部门篇两类问卷。前者面向公众，后者面向公务员和事业单位工作人员。这样分类的原因是考虑到公共部门工作人员更容易第一时间接触开放政府数据，甚至部分工作人员专门负责开放政府数据的相关工作。此外，根据委托-代理理论，公众作为委托方，通过开放的政府数据可以观察到政府是否尽职尽责地完成代理人的工作，发挥监督作用，因此公众对于开放政府数据持有与公共部门工作人员不同的视角。针对这种不同的视角，单独设计公众篇问卷是有必要的。虽然具体问题有所不同，但两类问卷的内容都分为基本信息、开放政府数据的内涵、开放政府数据的作用、如何通过开放政府数据防治腐败四个部分（问卷内容详见附录 A）。

　　本研究主要采用立意抽样和比例抽样的方法。我们根据是否建设了省级、市级政府数据开放平台和国家统计局对我国经济区域的划分①两大标准进行立意抽样。首先，根据是否上线了政府数据开放平台，可将我国所有省级行政单位划分为5种类型：①省、市均有政府数据开放平台；②有省级政府数据开放平台、但无市级政府数据开放平台；③无省级政府数据开放平台、但有市级政府数据开放平台；④省、市均无政府数据开放平台；⑤有直辖市平台。其次，根据国家统计局对我国经济区域的划分，可将我国省级行政单位划分东部、中部、西部、东北部4大地区。根据这两个标准，我们共选出浙江、山东、四川、江西、江苏、湖南、陕西、山西、黑龙江、云南、北京11个省级行政单位，并分别在每个省级行政单位发放约150份公众问卷和50份公共部门工作人员问卷（公众篇共发放约1650份问卷，公共部门篇共发放约550份问卷）。在确定了省级行政单位样本后，我们根据各省内的地级行政单位是否上线了市级政府数据开放平台②，对地级行政单位（地区、自治州、地级市和盟）进行了分类，分为有市级政府数据开放平台和无市级政府数据开放平台两类地级行政单位，并进行了比例抽样，确定了地级行政单位样本。以湖南省为例。湖南省共有14个地级行政单位，其中长沙市、常德市、娄底市、永州市、岳阳市5个地级市均建设了市级政府数据开放平台，而株洲市、湘潭市、衡阳市、邵阳市、张家界市、益阳市、郴州市、怀化市、湘西土家族苗族自治州9个地级市（州）尚无市级政府数据开放平台上线。对于建设了市级政府数据开放平台的5个地级市，公众问卷需回收150×(5÷14)＝54份，公共部门工作人员样本则需要回收50×(5÷14)＝18份；对于未建设市级政府数据开放平

---

① 为科学反映我国不同区域的社会经济发展状况，为党中央、国务院制定区域发展政策提供依据，根据《中共中央、国务院关于促进中部地区崛起的若干意见》《国务院发布关于西部大开发若干政策措施的实施意见》以及党的十六大报告的精神，现将我国的经济区域划分为东部、中部、西部和东北部4大地区。东部包括：北京、天津、河北、上海、江苏、浙江、福建、山东、广东和海南。中部包括：山西、安徽、江西、河南、湖北和湖南。西部包括：内蒙古、广西、重庆、四川、贵州、云南、西藏、陕西、甘肃、青海、宁夏和新疆。东北部包括：辽宁、吉林和黑龙江。详见国家统计局官网（http：//www. stats. gov. cn/ztjc/zthd/sjtjr/dejtjkfr/tjkp/201106/t20110613_71947. htm）。

② 若全省所有地级行政单位均有政府数据开放平台或均无政府数据开放平台，则不做具体划分，不进行比例抽样。

台的 9 个地级行政单位来说，公众问卷需回收150×（9÷14）= 96份，公共部门工作人员问卷需至少回收50×（9÷14）= 32份。其他各省、市同样按照上述方法进行问卷发放，具体的问卷样本构成与数量详见表2-4、表2-5。

表 2-4 公众篇问卷样本构成（省份、城市）

政府数据开放平台建设况	省份（直辖市）	地级市	预计发放问卷数量
省、市平台均有	山东省	所有地级行政单位均有市级平台	150 份
	浙江省		150 份
	江苏省	有市级平台：南京市、常州市、淮安市、连云港市、南通市、苏州市、宿迁市、泰州市、无锡市、徐州市、扬州市	127 份
		无市级平台：盐城市、宿迁市	23 份
	四川省	无市级平台：德阳市	7 份
		有市级平台：其他 17 个地级市、3 个自治州	143 份
	湖南省	有市级平台：常德市、娄底市、长沙市、永州市、岳阳市	54 份
		无市级平台：株洲市、湘潭市、衡阳市、邵阳市、张家界市、益阳市、郴州市、怀化市、湘西土家族苗族自治州	96 份
	江西省	有市级平台：抚州市、赣州市、景德镇市、九江市、南昌市、萍乡市、上饶市、宜春市、鹰潭市	123 份
		无市级平台：吉安市、新余市	27 份
有省平台、无市平台	陕西省	所有地级行政单位均无市级平台	150 份
无省平台、有市平台	山西省	有市级平台：长治市	14 份
		无市级平台：其他 10 个地市	136 份
	黑龙江省	有市级平台：哈尔滨市、大庆市、双鸭山市、佳木斯市	46 份
		无市级平台：齐齐哈尔市、牡丹江市、鸡西市、七台河市、伊春市、绥化市、黑河市、鹤岗市、大兴安岭地区	104 份
省、市平台均无	云南省	所有地级行政单位均无市级平台	150 份
有直辖市平台	北京市	所有地级行政单位（区）均有政府数据开放平台	150 份
合计	11 个	—	1650 份

表 2-5 公共部门篇问卷样本构成（省份、城市）

政府数据开放平台建设情况	省份（直辖市）	地级市	预计发放问卷数量
省、市平台均有	山东省	所有地级行政单位均有市级平台	50 份
	浙江省		50 份
	江苏省	有市级平台：南京市、常州市、淮安市、连云港市、南通市、苏州市、宿迁市、泰州市、无锡市、徐州市、扬州市	42 份
		无市级平台：盐城市、宿迁市	8 份
	四川省	无市级平台：德阳市	2 份
		有市级平台：其他 17 个地级市、3 个自治州	48 份
	湖南省	有市级平台：常德市、娄底市、长沙市、永州市、岳阳市	18 份
		无市级平台：株洲市、湘潭市、衡阳市、邵阳市、张家界市、益阳市、郴州市、怀化市、湘西土家族苗族自治州	32 份
	江西省	有市级平台：抚州市、赣州市、景德镇市、九江市、南昌市、萍乡市、上饶市、宜春市、鹰潭市	40 份
		无市级平台：吉安市、新余市	10 份
有省平台、无市平台	陕西省	所有地级行政单位均无市级平台	50 份
无省平台、有市平台	山西省	有市级平台：长治市	4 份
		无市级平台：其他 10 个地级市	46 份
	黑龙江省	有市级平台：哈尔滨市、大庆市、双鸭山市、佳木斯市	15 份
		无市级平台：齐齐哈尔市、牡丹江市、鸡西市、七台河市、伊春市、绥化市、黑河市、鹤岗市、大兴安岭地区	35 份
省、市平台均无	云南省	所有地级行政单位无市级平台	50 份
有直辖市平台	北京市	所有地级行政单位（区）均有政府数据开放平台	50 份
合计	11 个	—	550 份

（2）访谈

除问卷调查外，本研究还使用了访谈法，以深入了解公共部门工作人员和公众对开放政府数据防治腐败的理解和看法。访谈法是指研究者通过与被研究者口头谈话的方式，收集或"建构"第一手资料的研究方法（陈向明，2000）。访谈法根据使用的工具和技术可分为结构式访谈和无结构式访谈，前者的特点是按照事先设计的、有一定结构的问卷和固定的程序进行，后者的特点是只有一个访谈的主题或范围，研究者和被访者围绕该主题或范围进行自由交谈（风笑天，2018）。根据实施方式的不同，无结构式访谈可以分为重点访问、深度访谈、客观陈述法、焦点小组访谈等形式（袁方，2013）。为了保证获取信息的广度和深度，本研究采用了深度访谈和焦点小组访谈相结合的方式收集一手资料。

　　本研究使用深度访谈主要考虑到其具有以下三个优点。第一，一对一形式的深度访谈可以给予受访者比较充裕的思考时间和自由的表达空间，可以减少被调查者对问题理解不清或误解所造成的误答，能够有效避免第三方意见的干扰，进而使访谈对象发表对"开放政府数据防治腐败"这一研究主题的深层次真实看法。第二，访谈提纲列出了调查主题、范围和主要提问方向，研究者基于访谈提纲与被调查者进行交谈，可以有效地减少交流过程中的跑题、偏题现象，进而提高收集资料的效率。第三，本研究的研究主题与腐败有关，对部分被访者而言是较为敏感的话题，研究者在访谈过程中可以根据被访者的实际回答情况对问题进行调整，若被访者表现出较强的交流意愿，研究者也可以对被调查者及时地进行追问，引导其进行更为深入、细致的思考和表述。

　　焦点小组（focus group）访谈是一种无结构式集体访问，主要指调查者预先设定部分访谈问题，将被调查者集中起来进行讨论，从而了解被调查者对研究问题的看法，其主要特点是"访谈过程不仅是调查者与被调查者的社会互动过程，也是调查对象之间的社会互动过程"（袁方，2013）。为了深入了解公众和公共部门工作人员对开放政府数据腐败防治作用的看法和建议，本研究也采用焦点小组访谈法，主要具有以下两个优点。第一，获取资料的效率较高。研究者通过同时访问若干名调查对象，能够快速、直接地获取被调查群体对本研究问题的看法，可以节省人力、物力和时间。第二，获取的资料兼具广度和深度。由于焦点小组访谈过程中存在调查者与被调查者之间、被调查者相互之间的多层次互动，被访者在访谈过程中可以相互启发、相互补充、相互纠正，因此能够获取更为广泛、丰富的信息资料。

为了尽可能消除访谈对象的选择偏误，提高调查研究的信度，受访对象的选择需要尽量涵盖不同的利益相关者，尤其是具有竞争性立场的受访者（吕铁等，2019）。据此，本研究基于性别、所在省份等条件，选择公务员、事业单位工作人员、普通公众作为访谈对象，尽可能使受访者多元化。在焦点小组访谈资料收集过程的前期，研究者遵循组内同质和组间差异的原则（张妍等，2022），将受访者按照性别、工作单位性质、所在省份等特征分为不同组别进行访谈。访谈结束后，研究者通过整理访谈资料发现，不同分组受访者们的回答未呈现明显差异。因此在焦点小组访谈资料收集后期，研究者将受访者们随机划分为不同小组，各组在内容相同的提纲指引下展开讨论。

课题组分别于 2020 年 5 月、2021 年 5 月、2022 年 5 月，通过线上、线下结合的方式共访谈 211 人。其中，焦点小组访谈共进行了 15 组（每个焦点小组 6~10 人），每组访谈为 60~90 分钟；一对一深度访谈 106 人，每次访谈时间为 30~60 分钟。

在深度访谈和焦点小组访谈开始前，研究者均征得了受访者的同意，对访谈过程进行了录音。在焦点访谈过程中，1 名研究者担任主持人，1~2 名研究助理协助进行笔录和录音工作，焦点小组在主持人的启发和引导下，围绕本研究的主要问题展开讨论，讨论的主题包括"开放政府数据防治腐败的作用""政府开放哪些数据有助于防治腐败""开放政府数据面临的潜在障碍""影响开放政府数据的因素"等。在一对一深度访谈过程中，研究者根据事先拟定的访谈提纲对受访者进行提问，访谈内容主要包括"开放政府数据的内涵"、"开放政府数据的作用"和"如何开放政府数据"三个部分（部分访谈笔记详见附录 C）。

第三节　本章小结

本书将运用混合方法探究开放政府数据是否对腐败有防治作用。首先，本研究将运用长达 4 年、覆盖 106 个国家的面板数据探索开放政府数据水平与腐败程度的关系。被解释变量为腐败程度，解释变量包括政府数据的开放度、人均 GDP、城市化水平、女性领导比例、政治制度、政府规模、法治水平、媒体自由、公众参与以及宗教。其次，本研究将对透明国际发布的 3 个运用开放政府数据治理腐败的案例（欧盟通过开放游说数据监督议员诚信、斯洛伐克通过在线公开政府合同惩治医疗腐败、立陶宛通过开放法官绩效惩治司法腐败）进行分析，并将面板数据分析的结果在 3 个国家和地区中进行初步验证。最后，本研究使用问卷调查法，向我国的公众和公共部门工作人员发放问卷，并辅之以深度访谈和焦点小组访谈补充收集相关资料，深入了解受访者对于开放政府数据防治腐败作用的态度与看法。

第三章 面板数据分析：基于106个
国家4年的数据

第一节 描述性统计分析

表3-1报告了主要变量的描述性统计分析结果。从腐败程度来看，在样本期内，有的国家的腐败程度指数（根据清廉指数重新编码后）为8.00，而有的国家的腐败程度指数高达86.00，全世界的腐败程度均值为50.78，标准差高达20.54。

表3-1 变量的描述性统计分析结果

变量	观测值	均值	标准差	最小值	最大值
腐败程度	364	50.78	20.54	8.00	86.00
政府数据开放度	364	33.48	23.66	0.00	100.00
政府数据开放准备度	364	48.01	25.31	0.00	100.00
政府数据开放执行力	364	33.00	22.83	0.00	100.00
政府数据开放影响力	364	21.96	26.26	0.00	100.00
实际人均 GDP	360	8.88	1.56	5.96	11.40
城市化水平	364	62.96	22.69	8.35	100.00
女性领导比例	357	23.30	12.17	0.00	63.80
政治制度	357	5.35	5.69	-10.00	10.00
政府规模	364	31.60	9.66	11.80	60.10

变量	观测值	均值	标准差	最小值	最大值
法治水平	364	50.60	23.74	5.00	97.10
媒体自由	360	54.59	23.31	13.00	100.00
公众参与	364	0.53	0.27	0.00	1.00
宗教	363	10.11	15.10	0.10	76.40

从政府数据开放度来看，在本研究的样本中，2013~2016 年政府数据开放度的均值为 33.48，最大值为 100.00，最小值为 0，标准差高达 23.66，所以平均值并不能代表样本国家政府数据开放的实际程度。从政府数据开放度的三个组成部分来看（政府数据开放准备度、政府数据开放执行力、政府数据开放影响力），最大值均为 100.00，最小值均为 0，但是从平均值来看，政府数据开放的准备度最高（48.01），政府数据开放的影响力最低（21.96），政府数据开放的执行力居中（33.00）。此外，政府数据开放准备度、执行力、影响力三个变量的标准差都高于 20，说明国与国之间在政府数据开放度上的差异较大。

表 3-2 报告了变量间的相关关系以及在 5% 水平上的统计显著性。政府数据开放度与腐败程度呈现显著的负相关关系，相关系数高达 -0.7440。此外，大多数变量同腐败程度的相关关系都是显著负相关，与文献和本研究的假设基本一致。但是，政府规模、宗教与腐败程度也呈现显著的负相关关系，同假设方向不一致（见表 3-2），有待于进一步验证。

此外，有些变量之间存在较高的相关关系（如实际人均 GDP 与城市化水平之间、政治制度与媒体自由之间、法治水平与政府数据开放准备度之间），需要在回归分析时避免出现可能的多重共线性问题。因此，本研究继而进行了方差膨胀因子测试，方差膨胀因子（Variance Inflation Factor，VIF）介于 1.18 到 9.01 之间，均小于一般的判断标准 10，因此不存在严重的多重共线性问题。

表3-2 变量的相关分析矩阵

变量	(1)	(2)	(3)	(4)	(5)	(6)	(7)	(8)	(9)	(10)	(11)	(12)	(13)	(14)
腐败程度	1													
实际人均GDP	-0.8217*	1												
女性领导比例	-0.3041*	0.1650*	1											
城市化水平	-0.6376*	0.8434*	0.0484	1										
政府规模	-0.3589*	0.4894*	0.1485*	0.3940*	1									
法治水平	-0.8058*	0.7139*	0.1713	0.5527*	0.2835*	1								
媒体自由	-0.6801*	0.5301*	0.2410*	0.3458*	0.3131*	0.5984*	1							
政治制度	-0.3363*	0.2809*	0.1616	0.1618*	0.2553*	0.3483*	0.7693*	1						
公众参与	-0.5420*	0.6686*	0.1696	0.6126*	0.2938*	0.5768*	0.2595*	0.1278*	1					
宗教	-0.4092*	0.4266*	0.103	0.3490*	0.3352*	0.3695*	0.4236*	0.2326*	0.3161*	1				
政府数据开放程度	-0.7440*	0.7580*	0.3191*	0.6083*	0.3920*	0.6952*	0.6316*	0.5066*	0.7044*	0.4339*	1			
政府数据开放准备度	-0.7839*	0.8062*	0.3067*	0.6540*	0.3783*	0.7212*	0.6321*	0.4581*	0.7297*	0.4486*	0.9435*	1		
政府数据开放执行力	-0.7086*	0.7283*	0.3100*	0.5937*	0.3914*	0.6680*	0.5996*	0.5045*	0.6821*	0.3901*	0.9677*	0.8766*	1	
政府数据开放影响力	-0.6364*	0.6251*	0.2902*	0.4827*	0.3375*	0.5877*	0.5667*	0.4440*	0.5785*	0.4081*	0.9039*	0.8295*	0.7968*	1

注：*代表在5%水平上统计显著。

第二节　分析结果

表 3-3 分别报告了固定效应模型（FE）、随机效应模型（RE）和动态面板模型（GMM）的分析结果。这里的动态面板模型运用的是系统 GMM 两步估计法。如表所示，固定效应模型无法估算不随时间变动的变量的系数，如宗教。此外，与随机效应模型相比，固定效应模型的 R^2 较小，可能与包含了较多的国家虚拟变量、吸收了国与国之间的差异相关。随机效应模型（RE）和动态面板模型（GMM）分别包括四个具体的模型。在模型（1）中，解释变量未包括政府数据开放度，仅包括了在以往的腐败研究中提到的经济因素（实际人均 GDP）、人口统计学因素（城市化水平、女性领导比例）、政治因素（政治制度、政府规模、法治水平、媒体自由、公众参与）、文化因素（宗教）。为了探究开放政府数据在打击腐败方面的作用，模型（2）添加了政府数据开放度作为解释变量。模型（3）考虑到政府数据开放度与腐败程度可能不是线性的关系，所以在解释变量中添加了政府数据开放度的平方（Lee et al.，2016）。模型（4）进一步检验了政府数据开放度的三个方面（政府数据开放的准备度、执行力、影响力）对惩治腐败的作用。

从上述模型的拟合程度来看，我们选取的自变量较好地解释了因变量的变异，在随机效应模型中有超过 76.00% 的变化得以解释。而动态面板模型也通过了 Sargan 与 Hansen 的过度识别检验，结果表明不能拒绝"所有工具变量都有效"的原假设，故可认为工具变量均为有效工具变量。

根据随机效应模型（2）与动态面板模型（2）的结果，政府数据开放度与腐败程度是负相关的关系，但是在统计上均不显著。随机效应模型（3）与动态面板模型（3）均考虑了政府数据开放度与腐败程度之间可能是非线性的关系，所以增加了政府数据开放度的平方。结果表明，政府数据开放度与腐败程度之间存在非线性的关系，与 Lee 等（2016）的研究结果一致。在随机效应模型和动态面板模型中，政府数据开放度的系数均为负，而政府数据开放度的平方的系数均为正。在政府数据开放的初始阶段，腐败程度会降低；而随着开放的政府数据越来越多，政府开放数据的作用达到顶点后，腐败程度反而会升高。然而在这两个模型中，政府数据开放与其平方均未通过统计显著性检验。在随机效应模型（4）与动态面板模型（4）中，本研究进一步考虑了政府数据开放度的三个方面（政府数据开放的准备度、执行力、影响力）在防治腐败方面的作用。在随机效应模型（4）中，政府数据开放的准备度与腐败程度之间是显著的负相关关系，回归系数为-0.0534，意味着在其他条件不变的情况下，政府数据开放的准备度每提高一个单位，腐败程度就能降低5.34%。根据开放数据晴雨表，政府数据开放的准备度包括政府能力和政府对开放数据的承诺、社会的自由度和对开放数据项目的参与度以及企业对开放数据再利用可获得的支持性资源。此外，政府数据开放的执行力、影响力分别与腐败程度之间是正相关的关系，政府数据开放的影响力在统计上是显著的（5%显著性水平），而政府数据的执行力未通过统计显著性检验。对于政府数据开放的影响力来说，其回归系数为0.0242，政府数据开放的影响力每增加一个单位，腐败程度提升约2.42%，与我们的假设相反，有待于进一步验证。

根据动态面板模型的结果，腐败程度的滞后一期与当期的腐败程度存在显著的正相关关系，表明腐败具有持续性或惯性，与Mauro（1995）、Lio、Liu与Ou（2011）以及Elbahnasawy（2014）的研究结果是一致的。

在有关影响腐败程度的其他变量中，实际人均GDP与腐败程度之间具有统计上显著的负相关关系。在随机效应模型（1）-（4）中，实际人均GDP的回归系数保持在-7左右，意味着实际人均GDP每增加一个单位，腐败程度降低大约7个单位。经济发展水平对减少腐败有着至关重要的影响，这也与前人的研究成果相一致（Treisman，2000；Fisman et al.，2002；Serra，2006；Chang et al.，2007；Elbahnasawy et al.，2012）。

在人口因素之中，女性领导比例与腐败程度之间也是负相关的关系，但是该变量在随机效应模型中并不显著。在动态面板模型（1）、（2）、（4）中，女性领导比例在5%统计水平上显著。在动态面板模型（2）中，女性领导比例的系数为-0.0735，意味着在其他条件不变的情况下，女性领导比例每增加一个单位，腐败程度会降低7.35%。这与Swamy等2001年的研究

表3-3　面板数据分析结果

	固定效应模型 (1)	固定效应模型 (2)	随机效应模型 (1)	随机效应模型 (2)	随机效应模型 (3)	随机效应模型 (4)	动态面板模型 (1)	动态面板模型 (2)	动态面板模型 (3)	动态面板模型 (4)
腐败程度（滞后一期）							0.583*** (4.78)	0.616*** (4.91)	0.766*** (7.54)	0.713*** (5.30)
实际人均GDP	-4.241* (-2.19)	-4.318* (-2.25)	-7.177*** (-5.22)	-7.172*** (-5.09)	-7.114*** (-5.03)	-6.849*** (-4.95)	-2.785*** (-2.52)	-2.461** (-2.15)	-0.807 (-0.99)	-1.782 (-1.53)
女性领导比例	0.00120 (0.02)	-0.00499 (-0.07)	-0.0797 (-1.28)	-0.0819 (-1.31)	-0.0803 (-1.29)	-0.0765 (-1.27)	-0.0812* (-2.21)	-0.0735* (-2.08)	-0.0405 (-1.28)	-0.0641* (-2.33)
城市化水平	-0.168 (-0.68)	-0.164 (-0.67)	-0.0365 (-0.36)	-0.0354 (-0.35)	-0.0360 (-0.36)	-0.0383 (-0.39)	0.00324 (0.12)	0.00438 (0.17)	0.00572 (0.29)	0.00345 (0.16)
政府规模	-0.0176 (-1.11)	-0.0169 (-1.07)	-0.00828 (-0.52)	-0.00795 (-0.49)	-0.00811 (-0.51)	-0.00584 (-0.37)	0.00595 (0.25)	0.00502 (0.19)	0.00308 (0.13)	0.00673 (0.25)
法治水平	-0.0148 (-1.35)	-0.0154 (-1.41)	-0.0244* (-2.23)	-0.0249* (-2.27)	-0.0245* (-2.20)	-0.0250* (-2.36)	-0.0819** (-3.32)	-0.0728** (-3.01)	-0.0506 (-1.95)	-0.0576 (-1.82)
媒体自由	-0.248** (-2.65)	-0.249** (-2.63)	-0.299*** (-5.46)	-0.302*** (-5.48)	-0.303*** (-5.47)	-0.292*** (-5.39)	-0.169*** (-3.03)	-0.163** (-2.72)	-0.113* (-2.34)	-0.133* (-2.03)
政治制度	-0.270 (-1.63)	-0.278 (-1.73)	0.0172 (0.10)	0.0347 (0.19)	0.0411 (0.22)	0.0309 (0.18)	0.322** (2.71)	0.323 (1.95)	0.322* (2.32)	0.232 (1.78)

续表

	固定效应模型		随机效应模型				动态面板模型			
	(1)	(2)	(1)	(2)	(3)	(4)	(1)	(2)	(3)	(4)
公众参与	-0.722 (-0.66)	-0.893 (-0.80)	-0.399 (-0.42)	-0.347 (-0.36)	-0.364 (-0.38)	-0.183 (-0.19)	0.336 (0.17)	-0.0410 (-0.01)	1.814 (0.63)	-2.170 (-0.73)
宗教		0.0129 (0.63)	-0.00190 (-0.03)	-0.000553 (-0.01)	-0.000408 (-0.01)	-0.00223 (-0.03)	0.0205 (1.02)	0.0220 (1.25)	0.0192 (1.28)	0.00926 (0.66)
政府数据开放度				-0.00291 (-0.13)	-0.0301 (-0.58)			-0.00895 (-0.10)	-0.233 (-1.75)	
政府数据开放度^2					0.000299 (0.59)				0.00194 (1.55)	
政府数据开放准备度						-0.0534** (-2.62)				0.0476 (0.79)
政府数据开放执行力						0.00116 (0.07)				-0.0271 (-0.49)
政府数据开放影响力						0.0242* (2.38)				-0.00384 (-0.10)
常数项	115.4*** (5.01)	115.8*** (5.00)	137.6*** (20.64)	137.6*** (19.90)	137.5*** (19.84)	136.1*** (19.86)	59.49** (3.37)	54.34** (3.06)	30.69* (2.30)	41.09* (2.07)

续表

	固定效应模型		随机效应模型				动态面板模型			
	(1)	(2)	(1)	(2)	(3)	(4)	(1)	(2)	(3)	(4)
样本数量	345	345	345	345	345	345	242	242	242	242
样本覆盖的国家数量	106	106	106	106	106	106	88	88	88	88
整体拟合度	0.7223	0.7219	0.7695	0.7711	0.7690	0.7730				
Wald 卡方值	3.81***	3.48***	355.48***	362.27***	388.33***	397.37***				
Sargan 过度识别检验							0.372	0.485	0.403	0.081
Hansen 过度识别检验							0.699	0.859	0.760	0.522

注：固定效应模型和随机效应模型中括号内均为聚类稳健标准误，动态面板模型中括号内为 Windmeijer 纠偏标准误；* $p<0.05$，** $p<0.01$，*** $p<0.001$。

结果相一致：如果妇女在议会和政府官僚机构中拥有更多的席位和高级职位，那么腐败程度会比较低（Swamy et al.，2001）。另外一个人口统计学因素，城市人口的比例（城市化水平）在随机效应模型中与腐败程度是负相关的关系，而在动态面板模型中均为正相关关系，但是在统计水平上均不显著，所以有待于进一步的验证。

在影响腐败程度的政治因素中，根据本研究的结果，媒体自由是最重要的影响腐败程度的因子。媒体自由的回归系数在所有的模型中均在统计水平上显著，且与腐败程度呈现负相关的关系。在随机效应模型（3）中，其回归系数为 -0.303，且在 0.1% 的统计水平上显著。也就是说，在其他条件不变的情况下，媒体自由度每增加一个单位，腐败程度就会降低约 30.03%，这也进一步验证了 Brunetti 与 Weder（2003）的研究结论：媒体自由会大大增加腐败行为被曝光的概率。除了媒体自由，法治水平也是影响腐败程度的一个关键因素。法治水平在所有的随机效应模型中都显著，表明法治水平与腐败程度之间是显著的负相关关系。法治水平越高，腐败行为越无处可逃。在动态面板模型（2）中，法治水平的回归系数为 -0.0728，且在 1% 的统计水平上显著，说明每提高一单位法治水平，腐败程度就会降低约 7.28%。在动态面板模型（1）和（3）中，政治制度的回归系数均为 0.322，分别在 1% 和 5% 的水平上显著，说明每提高一单位的政治制度水平，腐败程度就会提高 32.20%。其他的两个政治因素（政府规模、公众参与）均未在本研究中呈现与腐败程度在统计上显著的关系。此外，文化因素（宗教）也并未在本研究中呈现与腐败程度在统计上显著的关系。

此外，本研究还考虑了政府数据开放度与实际人均 GDP、政治制度、政府规模、法治水平、媒体自由、公众参与的交互作用，但是这些交互项与腐败程度间的关系均在统计上不显著。上述模型均包括了年份虚拟变量，限于篇幅，这里没有报告相关结果。

综上所述，面板数据分析的结果表明，目前开放政府数据仍然不是一个强有力地降低腐败程度的工具。具体说来，根据随机效应模型的结果，政府数据开放准备度对防治腐败具有一定的作用。可能的原因包括以下三个方面。

1. 开放政府数据的执行力问题

尽管许多国家已经对开放数据做出了各种形式的承诺，但由于各种情况而迟迟未实施或实施力度不够。例如，在 2014 年底，皮尤研究中心对美国公众有关政府开放数据的看法进行了调查。调查涵盖了美国的所有三级政府（联邦、州、地方），结果发现大多数美国人不了解政府开放数据计划。虽然美国 data. gov 门户网站于 2009 年就已启动，但该调查显示美国公众对政府为公众和企业家开放数据的举措的了解程度较低（Pew Research Center，2015）。在意大利（TACOD 项目的试点国家之一），大多数开放数据活动都缺乏足够的公众参与。大约 80.00% 的受访者表示他们根本没有听说过有关透明度、诚信和问责制的最新相关举措（Segato，2015）。根据 2016 年全球开放数据指数，只有 11.00% 的政府数据集是公开的。根据开放数据晴雨表的第四版报告，只有 7.00% 的数据是完全开放的，50.00% 的数据集是机器可读的，25.00% 的数据集拥有开放的许可证。自开放数据晴雨表第一版发布以来，全球真正开放的数据集的数量"处于停滞状态"（The World Wide Web Foundation，2017）。此外，对揭露腐败行为具有关键作用的数据（政府支出、合同、土地所有权和公司登记数据）往往是不公开的。例如，就政府支出数据而言，只有哥伦比亚和希腊（在 94 个国家和地区）在 2016 年全球开放数据指数中得分为 100 分。在这些领域真正开放数据的政府非常有限，而这些数据集对防治腐败和增强政府责任至关重要。这也在一定程度上解释了政府数据开放执行力变量在模型中不显著的问题。

2. 运用开放数据防治腐败的障碍

要充分发挥开放数据在减少腐败方面的作用，仅仅将数据开放还不够。在开放许可下在线公开数据并不意味着每个人都有实际的访问权限，也不意味着每个人都能够使用这些数据。公众可能会面临技术、文化、教育或社会资本的障碍，这些障碍使他们无法有效地接收和处理那些开放的信息（Gurstein，2011；Davies et al.，2016）。大多数人还不了解或者没有深入研究政府数据及其密切监督政府绩效的可能性。根据皮尤研究中心的调查，只有 7.00% 的美国人曾经利用政府资源了解政府机构和外部公司之间签订的合同（Pew Research Center，2015）。Segato（2015）也认为，如果没有相关的资源，例如人力、技术、财力和分析能力，开放数据在减少腐败方面的作用将会是无效的。此外，媒体在侦测和揭露腐败行为方面也扮演着不可或缺的角色。正如面板数据分析的结果所示，媒体自由与腐败程度之间呈现显著的负相关关系。

3. 有关被解释变量的测量

在本研究中，被解释变量腐败程度是通过透明国际的清廉指数来测量。清廉指数又被称为"腐败感知指数"，它汇总了来自多个来源的数据，这些数据提供了商业人士和不同国家的专家对公共部门腐败程度的看法。然而，正如腐败研究专家 Treisman（2014）所言，"人们已经提出了一个严肃的问题：腐败感知指数是否能够反映出国与国之间腐败程度的差异，或者它只是体现了基于普遍存在的陈旧观念和媒体报道而形成的有关国家声誉的差异"。动态面板模型中腐败程度的滞后一阶的统计显著性也说明了腐败感知的惯性，即受访者对上一年腐败程度的感知对下一年的腐败感知有很大的影响。另外一个可能的解释是，反腐败行动其实会使得更多的腐败行为被披露和报告，从而使公众感觉到腐败程度的加深。根据 Zhang与 Kim（2018）的研究，腐败案件的数量一方面反映了一个司法辖区的腐败程度；另一方面可能表明了反腐败工作的力度。这也在一定程度上解释了政府数据开放度及其组成部分（政府数据开放影响力）在结果中与腐败程度的正相关关系。

第三节　本章小结

本章基于 106 个国家 4 年的数据进行了面板数据分析，并报告了结果。结果表明，目前开放政府数据在防治腐败行为方面仍然不是一个强有力的工具。具体来说，尽管政府数据开放度与腐败程度之间是负相关的关系，但是在诸多模型中均在统计上不显著。但是，当具体考虑政府数据开放度的三个组成部分（准备度、执行力、影响力）与腐败程度的关系时，根据随机效应模型的结果，政府数据开放的准备度与腐败程度之间是显著的负相关关系（1%水平上），即政府数据开放的准备度越高，人们感知到的腐败程度就越低。然而，政府数据开放准备度的系数较小，说明目前的作用发挥仍有限。可能的原因包括如下几个方面。第一，开放政府数据的执行力问题。尽管许多国家承诺要开放大量政府数据，但其中一些国家并未真正开始实施。开放程度最低的正是对揭露腐败行为具有关键作用的数据集，例如，政府支出、合同、土地所有权和公司登记信息等。第二，运用开放数据防治腐败仍存在障碍。开放政府数据是第一步，如何运用这些数据来预测和惩治腐败行为才是关键。公众可能还面临着技术、文化、教育等方面的障碍。第三，被解释变量的测量问题。在本研究中，被解释变量（腐败程度）是通过透明国际的清廉指数来衡量的。清廉指数是不同国家的专家对公共部门腐败程度的主观看法，并不是客观的衡量指标。

此外，在有关影响腐败程度的其他变量中，经济发展水平、媒体自由、法治水平均与腐败程度之间具有统计上显著的负相关关系。以上这些结果和解释有待于案例分析和调查访谈的进一步验证。

第四章　案例分析：基于 3 个国外案例

第一节　案例背景：国外开放政府数据的实践做法

一　美国的开放政府数据实践

1. 开放平台

从 1997 年建立的公开联邦政府数据的网站 Fedstats. gov 到 2007 年建立的 USA spending. gov 和 Recovery. gov 网站，再到 2009 年建立的 Data. gov 开放平台，美国政府在数据开放方面积累了丰富的经验。Data. gov 是目前美国政府数据开放相对最完善的一个平台。Data. gov 是一个一站式数据开放平台，公众在这个平台上可以找到美国各级政府发布的所有数据，也可以在这个平台上发布数据。该平台依托于两个开源程序 CKAN 与 WordPress。

2. 数据内容及格式

截至 2022 年 7 月，Data. gov 上共有 335221 个数据集，涉及农业、气候、消费者、生态系统、教育、能源、金融、健康、地方政府、制造业、海事、海洋、公共安全以及科学研究等领域。用户可以在搜索栏中直接查找所需要的数据，也可以在侧边栏根据话题、数据集种类、标签、数据格式、组织、发布者等来选择感兴趣的数据。数据的格式种类繁多，排在前十位的是：html、originator data format、xml、pdf、application/octet-stream、zip、csv、json、rdf、application/jpg。以消费者投诉数据库（Consumer Complaint Database）为例（见图 4-1），它由消费者金融保护局发布，包括消费者关于金融产品和服务的所有投诉，更新日期为 2020 年 11 月 10 日。

Consumer Complaint Database

Metadata Updated: November 10, 2020

The Consumer Complaint Database is a collection of complaints about consumer financial products and services that we sent to companies for response. Complaints are published after the company responds, confirming a commercial relationship with the consumer, or after 15 days, whichever comes first. Complaints referred to other regulators, such as complaints about depository institutions with less than $10 billion in assets, are not published in the Consumer Complaint Database. The database generally updates daily.

cfpb Consumer Financial Protection Bureau

Bureau of Consumer Financial Protection

🏛 **Publisher**

Consumer Financial Protection Bureau

✉ **Contact**

devops@cfpb.gov

↗ **Share on Social Sites**

🐦 Twitter

f Facebook

Access & Use Information

◒ **Public:** This dataset is intended for public access and use.
📄 **License:** No license information was provided. If this work was prepared by an officer or employee of the United States government as part of that person's official duties it is considered a U.S. Government Work.

Downloads & Resources

Comma Separated Values File
complaints.csv.zip
⬇ Download

JSON File
complaints.json.zip
⬇ Download

Web Resource
⬇ Download

ℹ **Landing Page**
Visit page

Dates

Metadata Created Date	November 10, 2020
Metadata Updated Date	November 10, 2020
Data Update Frequency	R/P1D

Metadata Source

Data.json Metadata
Download Metadata

Harvested from CFPB JSON

bank-account   bank-service   complaint   consumer   credit-card   credit-report
debt-collection   finance   loan   money-transfer   mortgage   student-loan

Additional Metadata

Resource Type	Dataset
Metadata Created Date	November 10, 2020
Metadata Updated Date	November 10, 2020
Publisher	Consumer Financial Protection Bureau
Unique Identifier	Unknown
Maintainer	devops@cfpb.gov

图 4-1 美国消费者投诉数据库

资料来源：http：//catalog. data. gov/dataset/consumer-complaint-database。

它的公开级别为完全公开，共提供三种下载资源：csv、json 和 am（web page）。关于这个数据库的标签有银行账户、银行服务、投诉、消费者、信用卡、信用报告、讨债、金融、贷款、转账、抵押以及学生贷款。此外，这个数据库还提供了元数据，包括数据集类型、数据更新时间、数据更新频率、数据发布者、数据维护者、数据维护者电子邮箱地址等。此外，该平台上还提供了 Twitter、Facebook 等社交媒体的链接，鼓励公众进行数据分享。

如果用户在使用数据的过程中发现了问题，可以到 data issue 页面进行举报，列出有问题的页面链接，并说明是何种问题以及下一步改进的建议。如果在数据集中未找到所需要的数据，可以在 data request 页面留言，说明所需数据的内容、所属机构以及格式。美国的开放政府数据行动拥有较完善的评估机制，并发布了一系列关于其开放数据行动的评估报告。2011 年，美国政府发布了《奥巴马政府关于开放政府的承诺：工作进度报告》（The Obama Administration's Commitment to Open Government：A Status Report）。2013 年 3 月 29 日，美国政府又发布了关于履行开放政府合作伙伴承诺的自评报告，① 总结了政府开放数据的经验：部门领导的支持和具体机构的创新起着关键作用、具体目标和完成期限的设定至关重要、应积极地与社会组织直接合作。在自评报告发布前，美国政府用了两周时间在问答平台 Quora 上向社会组织和公众广泛征求建议。此外，美国政府建有专门的网站（Project Open Data Dashboard）来展示联邦政府各机构执行开放数据政策的进度。如表 4-1 所示，它提供了一个类似仪表盘的表格，以季度为单位追踪各机构的政策执行情况。评判方式共有两种：一种是由管理和预算办公室的工作人员来检查数据开放的主要指标，包括数据的存量、公开数据列表、公众参与、隐私和安全以及人力资本；另一种是用自动的度量标准（automated metrics）来分析可机读的文件，评判标准主要包括公开的数据集数量以及是否拥有准确的元数据。如表 4-1 所示，白色代表按照预定时间能够完成；浅灰色代表有可能完不成任务；深灰色代表在预定时间内完不成任务。

---

① 美国关于履行开放政府合作伙伴承诺的自评报告审查了联邦政府根据开放政府国家行动计划为每项承诺所取得的进展，并对数据开放经验进行了总结，http：//stratml. hyperbase. com/OGP-USNAP20130329/OGP-USNAP20130329. html。

表 4-1　美国部分联邦政府机构执行开放数据政策的情况（截至 2021 年 12 月 31 日）

部门	最新抓取时间	公开数据集	有效元数据比例	程序	局	公开数据集比例	有限制的数据集比例	非公开数据集比例	可下载的数据集	总下载连接数	有效下载链接比例	正确格式比	HTML下载比例	PDF下载比例
农业部	2021.11.15 01：06：38 EST	2261	100.00%	32	17	93.20%	6.60%	0.10%	94.40%	5004	67.60%	76.20%	44.20%	3.50%
商务部	2021.10.02 04：52：58 EDT	38960	100.00%	27	10	100.00%	0.00%	0.00%	100.00%	271767	5.90%	99.90%	99.70%	0.10%
国防部	2021.11.15 02：35：26 EST	177	100.00%	6	9	100.00%	0.00%	0.00%	100.00%	188	3.70%	100.00%	0.00%	14.30%
教育部	2021.11.15 02：19：03 EST	619	100.00%	3	10	94.70%	0.30%	5.00%	85.80%	2606	79.20%	75.40%	7.00%	0.60%
能源部	2021.11.15 02：20：03 EST	450	100.00%	12	5	58.20%	1.30%	40.40%	93.60%	718	39.00%	87.90%	3.90%	0.00%
健康与公众服务部	2021.10.01 03：18：14EDT	1568	90.20%	75	16	98.60%	0.80%	0.60%	89.80%	4679	74.30%	73.20%	6.20%	0.00%

资料来源：美国政府数据开放网站。

3. 组织机制

Data. gov 是美国政府数据开放的中央网站，由总务局（U. S. General Services Administration）下的公民服务与创新科技办公室（Office of Citizen Services and Innovative Technologies）管理。此外，48 个州政府、48 个郡和市政府也拥有独立的开放数据网站。另外，开放政府行动拥有跨部门的工作组，它成立于 2010 年，是一个分享开放政府实践经验的论坛。工作组每月开一次会，此外每个季度还会邀请社会上政府数据开放方面的同仁参会一次。

4. 政策法规

在美国前总统奥巴马上任的第一天，他便签署了《透明与开放政府备忘录》（Memorandum or Transparency and Open Government），致力于建立一个透明的、鼓励公众参与的、合作的政府。[①] 在这份备忘录中，奥巴马提出，首席科技官要会同管理与预算办公室主任、总务管理局局长，在 120 天内发布《开放政府指令》（Open Government Directive）。2009 年 12 月 8 日，联邦政府管理和预算办公室在首席科技官的协助下，发布了开放政府指令，为行政部门和机构提供了具体的行动指南并提出了具体的完成日期，主要包括四个方面：在线公布政府信息、提高政府信息的质量、创建并制度化开放政府的文化、建立实施开放政府的政策框架。[②] 2011 年 9 月，为了履行对开放政府合作伙伴联盟的承诺，奥巴马政府发布了《开放政府全国行动计划》（National Action Plan for the United States of America），在增强政府诚信、有效管理公共资源、改进公共服务等方面提出了 26 项具体承诺。[③] 2012 年 5 月，奥巴马签署了《建立 21 世纪数据政府备忘录》（Building a 21st Century Digital Government），要求各政府机构建立集中的在线资

---

① 《透明与开放政府备忘录》签署于 2009 年 1 月 21 日，是奥巴马上任第一天签署的文件，该备忘录由新闻秘书办公室于 1 月 22 日发布，并于 1 月 26 日在联邦公报上公布，https：//obamawhitehouse. archives. gov/the-press-office/transparency-and-open-government。

② 《开放政府指令》由奥巴马于 2009 年 12 月 8 日签署发布，提出了一项使联邦政府更加透明、高效和可访问的倡议，https：//obamawhitehouse. archives. gov/open/documents/open-government-directive。

③ 《开放政府全国行动计划》签署于 2011 年 9 月 20 日，该计划建立在不取代由奥巴马发起的开放政府倡议和开放政府备忘录的基础上，简要强调了迄今已经取得的成绩，并制定了未来的目标和计划，https：//obamawhitehouse. archives. gov/sites/default/files/us_ national _ action_ plan_ final_ 2. pdf。

源平台并使用开放的、可机读的新标准，于 90 天内在 www. ［agency］. gov/
digitalstrategy 创建网页并报告实施数据政府策略的进程。① 2013 年 5 月，
美国政府颁布了总统行政令，提出使政府信息公开并且可机读成为默认形
式。② 此外，管理和预算办公室主任、首席信息官、首席技术官以及信息
和规制事务主任发布了《开放数据政策——将信息当作资产来管理》
（Open Data Policy-Managing Information as an Asset），建立了如何将有效信
息管理的原则贯穿在信息生命周期的每一阶段的框架。③ 2013 年 12 月，第
二个《开放政府全国行动计划》（Second Open Government National Action
Plan for the United States of America） 发布， 提出了 23 项具体承诺。④ 2014
年 2 月，时任首席技术官 Todd Park 发布了关于各行政机构如何开放数据
的计划，要求联邦政府各机构在 2014 年 6 月前更新开放政府计划，并提出
了框架以及计划应包含的部分。⑤ 2019 年 12 月，美国政府发布了《联邦数
据战略》（Federal Data Strategy）。《联邦数据战略》是一个 10 年计划，它
描述了联邦政府将如何在保护安全性、隐私性和保密性的同时，加快数据
的使用，从而完成使命、服务公众和管理资源。该战略包括使命陈述、十
项操作原则和一套 40 项最佳实践。所有行政机构都将通过年度政府行动计

① 《建立 21 世纪数据政府备忘录》由奥巴马于 2012 年 5 月 23 日签署并发布，该备忘录启动
了一项全面的数字政府战略，以通过使用新兴技术加强对公众的服务，https：//obam-
awhitehouse. archives. gov/the-press-office/2012/05/23/presidential-memorandum-building-21st-
century-digital-government。

② 《将政府信息默认设置为开放和机器可读》是一项由奥巴马于 2013 年 5 月 9 日签署的
行政命令，要求在法律允许和可能的情况下，确保数据以易于查找、访问和使用的方式
向公众开放，https：//obamawhitehouse. archives. gov/the-press-office/2013/05/09/executive-or-
der-making-open-and-machine-readable-new-default-government-。

③ 《开放数据政策——将信息当作资产来管理》于 2013 年 5 月 9 日发布，该政策将政府信
息作为资产进行管理以提高运营效率、降低成本、改善服务、支持任务需求、保护个人
信息并增加公众对有价值的政府信息的访问，https：//osec. doc. gov/opog/privacy/memoran-
dums/omb_ m-13-13. pdf。

④ 第二个《开放政府全国行动计划》于 2013 年 12 月 5 日由奥巴马签署，以第一个行动计
划取得的进展为基础，制定未来两年要实现的新承诺，https：//obamawhitehouse. ar-
chives. gov/sites/default/files/docs/us_national_ action_ plan_ 6p. pdf。

⑤ 《2014 机构开放政府计划》于 2014 年 2 月 24 日发布，根据《开放政府指令》中各机构起
草各自开放政府计划的规定，为各机构更新其开放政府计划提供指导，https：//obam-
awhitehouse. archives. gov/sites/default/files/microsites/ostp/open_ gov_ plan_ guidance_ memo_
final. pdf。

划来实施该战略。联邦数据战略的使命是通过指导联邦政府实践"有道德的治理"（ethical governance）、"有意识的设计"（conscious design）和"学习型文化"（a learning culture），利用数据的全部价值来完成使命、提供服务和保护公共利益。

5. 创新应用

数十年前，美国联邦政府将天气数据和全球定位系统（Global Positioning System，GPS）公之于众，众多企业家和创新者运用这些资源开发了导航系统、天气预报和警报系统、基于位置的应用（location-based applications），以及精准的耕作工具，极大提高了人们的生活水平。如今，大量的可机读的、免费的数据公布在 Data. gov 平台上，更多的应用和工具应运而生。以前面提到的消费者金融保护局发布的消费者投诉数据库为例。一个独立机构运用投诉数据库中自 2011 年以来收集的 409808 条投诉数据，创办了一个名为 BankRank 的网站，对全美 2505 个金融机构进行评估、排序，为公众选择合适的金融服务提供建议。此外，美国教育部运用全国教育统计中心和中等教育数据系统的数据，设计了大学学费比较网站（http://collegecost. ed. gov），为学生和家长提供更全面的择校信息。[①] 在这个网站上，学生可以根据兴趣、学校地点、学校招生规模等来选择学校，家长可以运用净价计算器来估算在扣除奖学金后实际需要支付的费用，并比较不同的州在教育方面的支出。

二 英国的开放政府数据实践

1. 开放平台

继美国之后，2010 年 1 月，英国政府推出了一站式数据开放平台 Data. gov. uk。英国政府开放该平台旨在帮助公众更好地了解政府运作和政策制定的过程，支持商业界、学术界和第三部门的发展。尽管平台上的一些数据已在别处公开，但是 data. gov. uk 将所有数据整合在了一个集中的平

---

① 大学学费比较网站由大学负担能力和透明度中心负责管理，由美国教育部高等教育办公室维护，并得到国家教育统计中心的支持和技术支援。网站由美国教育部设计，旨在满足《高等教育法案》要求，并向学生和家长消费者提供有关大学费用的信息，允许用户比较大学的学费、净价格和其他特征。

台，使公众能够更容易获取数据并利用这些信息做出决策。

2. 数据内容及格式

目前，Data. gov. uk 共有 52168 个数据集。其中，已发表的数据集 22190
个，未发表的数据集 4062 个。未发表的数据集是包含了公民个人信息和敏
感信息的数据集，例如学校普查和关于公民出生、死亡、婚姻状况的记
录。开放平台有搜索功能，用户可根据相关性、热门程度、标题、更新时
间、地点等对数据集进行排序，也可在左侧边栏根据发布的状态、开放执
照、主题、格式、发布者、开放分数等来选择数据。此外，开放的数据格
式包括 csv、html、xls、wms、pdf、xml、rdf、zip、ods 以及 json。Data.
gov. uk 采用了万维网之父蒂姆·伯纳斯·李（Tim-Berners Lee）关于数据
开放度的 5 星评分标准并对其有所扩展。如表 4-2 所示，1 颗星代表在网
络上公开数据（无论使用任何格式），2 颗星代表使用了结构化数据（例
如 xls 格式，而不是扫描的图片），3 颗星代表使用了开放的、非专属的结
构化数据（如 csv 或 xml 格式），4 颗星代表使用了可关联数据（如使用了
url 链接），5 颗星代表使用了关联数据（除提供 url 链接外，还可链接其他
数据）。以 data. gov. uk 上的道路安全数据集为例，数据都以 csv 格式存储，
所以获得的开放度评分为 3 颗星。在授权项下，平台将数据分为开放政府
许可、非开放政府许可、未出版数据集 3 大类。Data. gov. uk 还注重用户反
馈，鼓励用户根据数据是否符合"经济增长""社会进步""有效的公共
服务""与其他数据集的潜在关联""其他关键数据"标准进行评估。

表 4-2　英国政府的开放数据 5 星评分标准[①]

开放水平	数据格式
★	在网络上公开数据（无论使用任何格式）
★★	结构化数据（例如 xls 格式，而不是扫描的图片）
★★★	开放的、非专属的结构化数据（如 csv 或 xml 格式）
★★★★	可关联数据（如使用了 url 链接）
★★★★★	关联数据（除提供 url 链接外，还可链接其他数据）

资料来源：《开放数据白皮书：释放潜力》于 2012 年 6 月 28 日由内阁办公室发布，是卡梅伦
担任首相期间发布的关于开放数据的命令文件，https：//assets. publishing. service. gov. uk/govern-
ment/uploads/system/uploads/attachment_data/file/78946/CM8353_acc. pdf。

3. 组织机制

Data. gov. uk 的建设是英国建设透明政府行动的重要组成部分，所以英国的政府数据开放平台由透明委员会（The Transparency Board）来领导。具体的实施操作由内阁办公室的透明和开放数据团队协同各政府部门进行。

英国还成立了世界上第一个开放数据研究所（Open Data Institute），以促进商业界、学术界、政府和社会在开放数据方面的合作。它是一个独立的、非营利的、无党派的机构。目前，开放数据研究所已获得了来自英国政府的（包括 Innovation Agency 和 Technology Strategy Board）长达 5 年、每年 1000 万英镑的资金。

数据战略委员会（Data Strategy Board）和公共数据集团（Public Data Group）也是促进数据开放的重要组织。数据战略委员会承担着多项关键职责，包括向政府提出应购买或提供哪些数据的建议、管理与公共数据集团的合同以及探索如何利用这些数据促进经济增长。公共数据集团则致力于为数据使用者提供低廉的价格、为中小型企业和非营利机构使用数据扫清障碍。从组成来看，公共数据集团的成员包括英国工商局、地震局、气象局和地形测量局等，这些成员单位都拥有数量庞大和质量较高的数据。总的来说，公共数据集团是开放数据的核心参考数据源，数据战略委员会扮演的是开放数据市场的中间者角色，而开放数据研究院则主要推动开放数据的商业化（陈美，2014）。

4. 政策法规

2009 年 12 月，英国财政部发布了《第一要务：智慧政府》（Putting the Frontline First：Smarter Government），指出要积极推进数据开放和透明，强调了公开数据的原则，并提出要公开健康医疗、公共交通、天气、公共支出等方面的数据，以及建立一站式数据网站（data. gov. uk）的计划。①2010 年 5 月，英国时任首相卡梅伦向所有政府部门发出一封信件，提出政府要确保在中央政府支出、地方政府支出以及关键政府数据方面（例如犯

---

① 《第一要务：智慧政府》由英国财政部于 2009 年 12 月 9 日发布，阐述了英国政府将如何改善公共服务成果，同时实现对帮助经济增长至关重要的财政整顿，https：//assets. publishing. service. gov. uk/government/uploads/system/uploads/attachment_ data/file/228889/7753. pdf。

罪数据及高级公务员的姓名、级别、职位、薪水等）的透明，并提议在内阁办公室设立一个公共部门透明委员会来确保这项工作的正常运行。2011年 11 月，内阁办公室发布了《关于 2011 年秋季声明开放数据措施的更多细节》，提出以下几个方面的措施：开放健康和医疗数据促进生命科学产业的发展；开放地方实时交通信息促进地方企业发展并改进交通服务；为病人在线提供其个人信息促进高科技消费者信息市场改革；使新创业公司更容易地得到数据，支持其成长。

此外，作为开放政府合作伙伴联盟的创始国之一，英国政府于 2011 年9 月发布了第一个国家行动计划，并在 2013 年 4 月公布了自评报告。根据自评报告和第三方评估的结果，英国政府于 2013 年 6 月制定了第二个国家行动计划，从开放数据、政府诚信、增强财政透明度、增加公众参与以及自然资源透明度五个方面（共 21 条承诺）来履行对开放政府合作伙伴联盟的承诺。当前，英国已制定了 5 个国家行动计划。

2017 年 2 月，英国政府发布《政府转型战略：更好地利用数据》（Government Transformation Strategy：Better Use of Data），指出该战略从根本上讲是关于公民和国家之间的关系，而任何成功关系的核心是信任，政府如何存储和使用数据对此至关重要，并明确提出开放政府数据是当前的一项优先事项。[①]

2019 年 12 月，英国政府发布了《国家数据战略》（National Data Strategy）。英国时任数字大臣奥利弗·道登指出，数据是现代经济的驱动力，它推动了大大小小企业的创新，并在全球新冠疫情期间成为生命线。在新冠疫情期间，政府、企业、组织和公共服务能够快速、高效且合乎道德地共享重要信息，不仅拯救了无数人的生命，还使经济持续运行。当进入后疫情时代，我们应当最大限度地吸取经验，利用数据推动经济增长，建立世界领先的数据经济，同时确保公众对数据使用的信任。该战略包括 4 个核心支柱：数据基础、数据技能、数据可及性与负责任的数据。根据这些

---

① 《政府转型战略：更好地利用数据》由英国政府于 2017 年 2 月 9 日发布，内容包括政府转型的当前形势，到 2020 年需要完成的优先事项，以及政府将会采取的行动，https：//www.gov.uk/government/publications/government-transformation-strategy-2017-to-2020/government-transformation-strategy-better-use-of-data。

支柱，英国政府确定了五个优先行动领域：释放数据在整个经济中的价值；确保建立一个有利于增长的、可信的数据体系；转变政府对数据的使用，以提高效率和改善公共服务；确保数据所依赖的基础设施的安全性和弹性；支持数据的国际流动。英国政府认为，释放数据的价值是推动数字部门和整个经济增长的关键。该战略发布后，英国政府不断对其进行更新，最新一版更新于 2022 年 6 月 13 日。①

5. 创新应用

政府数据的开放为公众提供了更多的机遇和便利。Informed Food 公司利用食品标准机构的全英食品卫生评分数据创建了快餐店评比网站。用户只需在搜索框中输入自己的地址或邮编，就可以找到提供外送服务的餐厅，并且可以看到这些饭店的卫生情况，这为公众吃上安心的食物提供了便利。此外，Data. gov. uk 的官方博客介绍了如何应用开放数据了解政府办公地点在全英不同城市分布情况的案例。首先，可以在 data. gov. uk 上下载一个关于全英政府办公地点的 csv 文件（见图 4-2），然后将此文件上传到 Google Fusion Tables 中，利用列表中每幢大楼的经度和纬度以及谷歌地图，就可以很直观地看到全英政府办公地点的分布情况和密集程度。如果点击地图上的红点，还可以看到红点所代表的办公地点的具体信息（名称、所属部门、地区等）。将数量巨大、晦涩抽象的数字可视化，是有效利用开

1	Sector N	Departme	Property	Region	ePIMS Pr	Departme	Building	Road	Postcode	Latitude	Longitud	Building	Floor Ty	Building	C
2	Central (	Attorney	AGO - AT	London	402688	1	20 vICTO	VICTORIA	SW1H 0NZ	51.49884	-0.13186	1,157.00	Concrete	Not Know	U
3	Central (	Attorney	AGO - TRI	South We:	184120	1	RIVERSIDI	CASTLE S	TA1 4AP	51.01645	-3.11106	2,799.84	Concrete	Top Qual	1
4	Central (	Attorney	AGO - TRI	London	202708	Kingsway	TOWER BL(	KEMBLE S	WC2B 4TS	51.51478	-0.11954	########	Not Know	Top Qual	1
5	Central (	Cabinet (	CO - EX (	London	33066	1	HERCULES	HERCULES	SE1 7DU	51.49824	-0.11355	########	Concrete	Standard	1
6	Central (	Cabinet (	CO - FIN	London	19965	1	ADMIRALT	THE MALL	SW1A 2WH	51.50663	-0.12839	7,383.00	Concrete	Average,	P
7	Central (	Cabinet (	CO - FIN	London	20121	1	Great S(	GREAT SC(	SW1A 2HJ	51.50655	-0.12567	1,037.90	Concrete	Poorer Q	U
8	Central (	Cabinet (	CO - FIN	London	20925	1	ADMIRALT	WHITEHALI	SW1A 2BL	51.5056	-0.12716	1,367.00	Concrete	Average,	P
9	Central (	Cabinet (	CO - FIN	London	20932	1	Whiteha	WHITEHALI	SW1A 2AY	51.50537	-0.12709	2,030.04	Concrete	Average,	P
10	Central (	Cabinet (	CO - FIN	London	20987	1	Downing	DOWNING :	SW1A 2AS	51.5035	-0.12765	4,066.20	Concrete	Good to	P
11	Central (	Cabinet (	CO - FIN	London	21012	1	70WH	WHITEHALI	SW1A 2AS	51.50354	-0.12659	8,610.00	Concrete	Average,	P
12	Central (	Cabinet (	CO - FIN	Yorkshir(	64336	1	CIVIL DEI	THE HAWKI	YO61 3EG	54.10084	-1.17861	6,428.10	Concrete	Standard	U
13	Central (	Cabinet (	CO - FIN	London	102345	1	Great Sm	GREAT SM	SW1P 3BJ	51.49721	-0.12902	2,925.42	Concrete	Average,	1
14	Central (	Cabinet (	CO - FIN	London	109095	B01	GREAT GE(	GREAT GE(	SW1P 3AE	51.50097	-0.12858	1,181.00	Not Know	Standard	U
15	Central (	Cabinet (	CO - FIN	East of I	230911	1	ROSEBERY	ST ANDRE	NR7 0HS	52.62897	1.365282	6,574.30	Not Know	Top Qual	1
16	Central (	Cabinet (	CO - FIN	South Ea:	281735	1	National	LARCH AV	SL5 0QE	51.40208	-0.6424	########	Concrete	Standard	U
17	Central (	Cabinet (	CO - FIN	London	620838	1	67 TUFTO	TUFTON S	SW1P 3QS	51.49547	-0.12803	2,087.29	Concrete	Average,	1
18	Central (	Cabinet (	CO - GOV	London	402736	1	RUSI BUI	WHITEHALI	SW1A 2ET	51.50435	-0.12585	83.1	Concrete	Average,	P
19	Central (	Cabinet (	CO - GOV	London	405416	BOILER H(	WHITEHALL	DISTRIC	SW1A 2HB	51.50524	-0.12507	1,670.00	Not Know	Not Know	U
20	Central (	Cabinet (	CO - RES	South Ea:	171113	1	Trust 25(	BLETCHLE	MK3 6EB	51.99895	-0.74033	########	Not Know	Poorer Q	1

图 4-2 全英办公地点数据表

① 《国家数据战略》由英国政府于 2019 年 6 月 8 日发布，是英国政府的一项雄心勃勃的促进增长战略，旨在推动英国建设世界领先的数据经济，同时确保公众对数据使用的信任，National Data Strategy. https：//www. gov. uk/guidance/national-data-strategy。

放数据、提高决策效率的重要途径。

三　澳大利亚的开放政府数据实践

1. 开放平台

澳大利亚政府的数据开放平台 data.gov.au 上线于 2009 年。该平台是根据澳大利亚政府的《开放政府宣言》（Declaration of Open Government）和 Government 2.0 行动小组的建议建立的。该平台通过提供各种格式和开放授权的数据鼓励公众积极使用政府数据。除可下载的数据集外，该平台还提供其他政府网站的在线数据链接。Data.gov.au 由财政部下的政府首席技术官办公室负责运行和维护。

2. 数据内容及格式

目前，data.gov.au 上共有来自 172 个组织和 25 个团体的 103917 个数据集。最受欢迎的主题包括社区服务、商业支持和管制、科学、环境、体育与娱乐、金融管理、医疗保健、基础设施、文化事务以及传媒。平台具有搜索功能，可按照相关性、名称、更新时间以及受欢迎程度来排序，也包括组织、地区、主题、标签、数据格式、授权方式、位置等筛选方式。开放的数据格式包括 zip、html、kml、shp、audio/basec、csv、wms、html、xls 等。此外，平台上还提供了每个数据集的相关团体（groups）、最新活动（activity stream）以及运用该数据的案例（use cases），网站功能强大而易于使用。Data.gov.au 采用了知识共享署名 3.0 澳大利亚协议。当公众引用该平台上的数据时，需按照以下方式注明来源：组织名称、组织所属地区、数据集的名称、引用时间以及数据集的 URL 链接。由于数据来自众多的组织，该平台声明它不能保证数据的质量和及时性，但欢迎来自公众的评论和反馈。此外，该平台还提供了另外一个网站（https://datagovau.ideascale.com/a/index）鼓励公众提交自己的数据需求或者为已开放的数据提供建议。关于公众的隐私问题，澳大利亚政府在 data.gov.au 上明确指出它不采集个人信息；公众如需与该平台联系或提建议，无须使用真名。

3. 组织机制

澳大利亚财政部是负责数据开放的主要部门。财政部下的治理与资源管理小组负责制定与数字政府相关的政策。财政部下的另一机构——商业、政府采购与资产管理小组——负责澳大利亚官方政府网（australia. gov. au）、数据开放平台（data. gov. au）等网站的运行与维护。此外，澳大利亚政府还设有部长级 ICT 治理委员会（Secretaries' ICT Governance Board, SIGB），负责制定 ICT 战略规划并监督各部门的政策执行情况。①例如，根据开放政府宣言，财政部部长需要每年向 SIGB 汇报执行政府 2.0 工作组建议的情况。SIGB 成员包括财政部、国防部、社会服务部、移民局、首相与内阁部、档案局等部门的负责人。根据《信息专员法案 2010》，澳大利亚政府还成立了信息专员办公室。信息专员的职责是向总理汇报有关政府信息的采集、使用、开放、管理、保存的情况以及信息自由和隐私保护的情况。在信息专员下还设有信息自由专员和隐私专员。

4. 政策法规

2009 年 12 月，澳大利亚 Gov2.0 行动小组发布报告，向政府提出 13 条建议，其中第六条便是使公共部门信息（public sector information）开放、可获取并可以再利用。Gov2.0 行动小组指出，公共部门信息应该是免费的、基于开放标准的、易于找到的、易于理解的、可机读的、可再利用的，并建议建立一个集中的数据开放平台。② 2010 年 5 月，联邦议会通过《信息自由改革法修正案 2010》③与《信息专员法案 2010》，提出信息是国家资源，要建立澳大利亚信息专员法务办公室，并创建一个发布信息的综合框架，要求政府各机构以最低成本、及时发布更多的信息。④ 2010 年 7 月，澳大利亚政府发布了《开放政府宣言》（Declaration of Open Government），提出了推进政府开放与透明的三项原则：提供有益信息、合作、

---

① ICT 是 information and communications technology 的简称，意为信息通信技术。

② 报告名为 Engage: Getting on with Government 2.0，由澳大利亚政府 2.0 行动小组于 2009 年 12 月 22 日发布，报告从领导力、政策和治理三个方面来定义政府 2.0 议程，以实现公共部门文化的必要转变，https：//www. academia. edu/68122080/Engage_getting_on_with_Government_2_0。

③ 《信息自由改革法修正案 2010》[Freedom of Information Amendment (Reform) Act 2010] 于 2010 年 5 月 13 日通过，并于 2010 年 11 月 1 日生效。该法案设立了澳大利亚信息专员办公室，规定了澳大利亚信息专员、隐私专员和信息自由专员的职责，https：//www. legislation. gov. au/Details/C2010A00052。

④ 《信息专员法案 2010》与《信息自由改革法修正案 2010》对之前的信息法案进行了一系列修订，确保澳大利亚社区通过相关渠道获取由联邦政府持有的信息，https：//www. legislation. gov. au/Details/C2010A00051。

参与。① 2011 年，为了鼓励各部门更积极地公开信息，澳大利亚信息专员办公室公布了开放公共部门信息的原则（Publishing Public Sector Information）：默认可获取的信息、社区参与、有效的信息治理、健全的信息资源管理、易查找和易使用的信息、清晰的再利用权利、合理的费用、透明的询问和投诉机制。此外，信息专员办公室也明确提出了发布公共部门信息的标准程序：发现、处理（隐私、安全等问题）、授权、发布、改善。② 2013 年 2 月，信息专员办公室发布了《公开公共部门信息：从原则到实践》报告（Open Public Sector Information：From Principles to Practice），公布了 191 个澳大利亚政府机构如何管理公共部门信息的调查结果。结果表明，政府机构普遍认为最难执行的三条原则是：易查找和使用的信息、默认信息可获取以及健全的信息资源管理。此外，该报告还指出了各部门在开放公共信息过程中存在的一些问题，如目前的信息管理系统在各个机构间并不统一、有价值的信息需要先转换成数字格式，以及财政预算的限制等。③ 在 2013 年 8 月和 2014 年 10 月，澳大利亚政府又相继颁布了关于如何使用大数据和云计算技术的政策。

2015 年 12 月，澳大利亚总理发布《公共数据政策声明》，提出澳大利亚在数字经济中保持竞争力的能力取决于其利用数据价值的能力。发布、链接和共享数据可以创造政府和企业目前都无法想象的机会。适当公布匿名的政府数据将刺激创新，促进经济发展。在声明中，时任总理马尔科姆·特恩布尔指出，澳大利亚政府认识到了有效管理数据这一国家资源的重要性。澳大利亚政府承诺优化公共数据的使用和再利用；默认情况下，将非敏感数据作为开放数据发布；并与私营部门和研究部门合作，扩大公

---

① 《开放政府宣言》于 2010 年 7 月 17 日由财政与放松管制部长代表澳大利亚政府发布，该宣言将为创造足够协调、参与和创新的公共服务做出贡献，https：∥www.i-policy.org/2010/07/australias-declaration-of-open-government.html。

② 开放公共部门信息的原则由澳大利亚信息专员办公室于 2011 年 5 月 25 日提出，是澳大利亚政府信息管理核心愿景的一部分，https：∥www.oaic.gov.au/information-policy/information-policy-resources/principles-on-open-public-sector-information。

③ 《公开公共部门信息：从原则到实践》由澳大利亚信息专员办公室于 2013 年 2 月 19 日发布，报告了各机构执行《公共部门信息公开原则》的情况，https：∥www.oaic.gov.au/information-policy/information-policy-resources/open-public-sector-information-from-principles-to-practice。

共数据的价值，维护澳大利亚公众的利益。此外，声明明确了公共数据与非敏感数据的定义。公共数据包括政府机构出于任何目的（政府管理、研究或服务提供）收集的所有数据。非敏感数据是不会识别个人身份或违反隐私和安全要求的匿名数据。

5. 创新应用

2015年5月17日，澳大利亚政府开放数据平台 data.gov.au 用可视化的方式公布了2014财政年各政府部门人员精简（或增加）情况。如图4-3所示，灰色圆点代表澳大利亚政府各部，与其相连接的黑色或白色圆点代表其所下属的部门或机构。黑色圆点代表在2013年到2014财政年间有人员精简；白色圆点则代表有人员增加。圆形的大小代表着精简或增加的人员的规模。将鼠标放在某个圆形上时，会出现该部门的名称以及精简或增

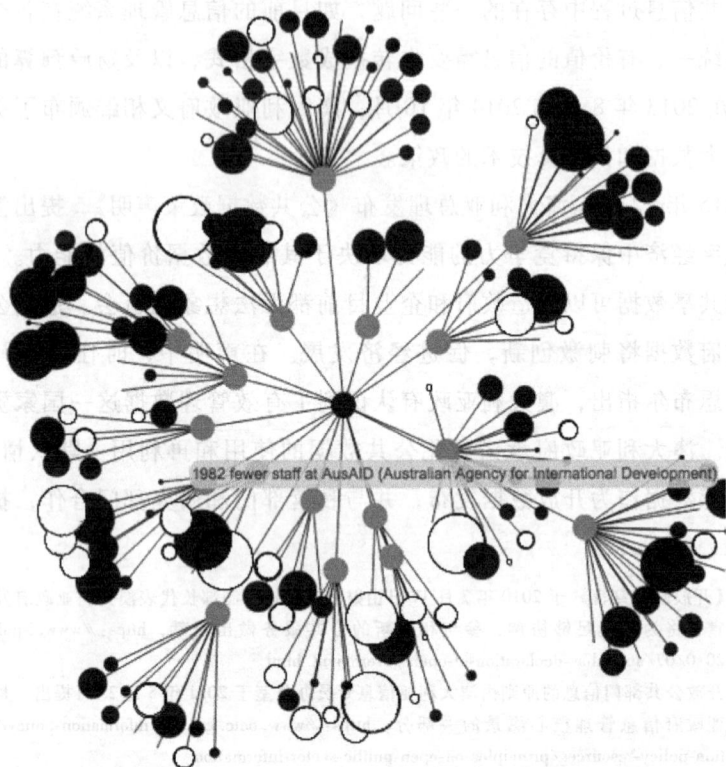

图4-3　2014年澳大利亚政府部门人员精简（或增加）情况

资料来源：Data.gov.au。

加的人员的数量。在图 4-3 中，澳大利亚国际发展机构（AusAID）减少了 1982 名公职人员。图 4-3 的数据来源于澳大利亚政府数据开放平台上的 2014~2015 年预算表格与数据。公开财政预算数据，并以可视化的方式呈现，使政府部门和公众不仅对政府机构精简进程一目了然，而且也有利于政府部门下一步计划的部署和实施。

四 新西兰的开放政府数据实践

1. 开放平台

新西兰政府的数据开放平台 data. govt. nz 上线于 2009 年 11 月。自 2011 年 6 月以来，已有 24 万多人次访问过 data. govt. nz。与别国不同，data. govt. nz 本身并不承载任何数据，而是提供链接至其他的政府机构网站。另外，Data. govt. nz 由新西兰内务部主管和运行。

2. 数据内容及格式

新西兰政府的数据开放平台（data. govt. nz）的数据集共有 40 个分类，例如，农林渔、艺术与文化、建筑、建设与住房、商贸与工业、教育、就业、能源、环境与保护、金融、税收与经济、健康、基础设施、司法、土地、地方政府、毛利与太平洋岛屿族裔、移民、人口与社会、科学与研究、国家机构绩效、旅游业、交通、部长与内阁等。Data. govt. nz 上带有高级搜索功能，可以按照分类、机构、时间、授权、格式来筛选数据，也可以按照上传时间、更新时间、数据名称、所属机构对数据进行排序。该平台上开放的数据的格式主要有 csv、xls、kml/shp、api、xml、json、ascii、html、pdf 等。以能源效率和保护局行政长官开支（Energy Efficiency and Conservation Authority Chief Executive Expenses）数据集为例，该数据集介绍了能源效率与保护局行政长官日常费用、礼品和招待的详细信息。数据集页面上方标注了数据内容、数据类别和数据集动态，属于行政长官开支、国有部门绩效类别；数据集页面左侧介绍了数据集发布机构的工作职责和推特（Twitter）、脸书（Facebook）等分享渠道；数据集页面下方介绍了主题、作者、维护者、维护者邮箱、更新频次、数据来源、语言等补充信息。数据集展示了 2010 年 7 月至 2022 年 8 月的开支数据，每年更新数据，最近更新时间为 2022 年 8 月。该数据标签有行政长官、保护、能源效率和保护局、效率、能源、行政人员、开放政府等。关于授权，data. govt. nz 采用了知识共享署名 3.0 新西兰协议（Creative Commons Attribution 3.0 New Zealand License）。公众只需在使用相关数据时注明来源为新西兰内务部并遵守其他相关协议，便可免费复制和传播这些数据。

3. 组织机制

新西兰开放政府数据项目主要由两个组织来管理：开放政府数据首席执行督导小组与开放政府数据指导小组。开放政府数据首席执行督导小组负责设定或修改公开政府信息和数据的战略方向，并监督其进展情况。小组成员包括新西兰土地资讯部、高等教育委员会、统计局、内务部、立法规划办公室，以及商务部的负责人。该小组每年需向内阁汇报各部门建设开放与透明政府的情况。开放政府数据指导小组致力于跨部门的开放政府信息与数据项目的推进，并根据政府的工作重点来确定数据开放的优先顺序。该小组成员包括新西兰工业部、司法部、财政部、教育部、土地资讯局、商务部、内务部、环境部、税务局、统计局的工作人员。此外，开放政府与信息再利用工作小组向开放政府数据指导小组提供咨询与建议。

4. 政策法规

2010 年 7 月 5 日，新西兰内阁通过了《新西兰政府开放存取与许可框架》（New Zealand Government Open Access and Licensing，NZGOAL），是指导政府机构开放版权作品和非版权材料再利用的重要文件。① NZGOAL 致力于将政府版权作品的授权和开放按照知识共享协议进行标准化。NZGOAL 的重要性在 2011 年 8 月 8 日发布的《开放与透明政府宣言》（Declaration on Open and Transparent Government）中得到了加强。在这份声明中，新西兰政府指出，政府代表新西兰公众保存着数据，要开放高价值的公共数据，所有的行政机构要遵循 NZGOAL 规定的程序制定开放数据的计划并定期向上级部门的部长汇报进程。② 此外，当日还发布了《新西兰数据和

① 《新西兰政府开放存取与许可框架》由新西兰内阁于 2010 年 7 月 5 日批准通过，是新西兰开放政府数据的指导性文件，https：//www. data. govt. nz/toolkit/policies/nzgoal/。

② 《开放与透明政府宣言》中认为：政府代表新西兰公众持有数据，政府发布数据使私营部门能够利用数据发展经济，优化社会和文化结构，保护社会环境，政府发布数据的目的是鼓励企业和社区参与政府决策，https：//www. data. govt. nz/toolkit/policies/declaration-on-open-and-transparent-government/。

信息管理原则》（New Zealand Data and Information Management Principles），替代了 1997 年的《政府信息政策框架》。新的数据和信息管理原则共包括 7 条：开放、受保护、随时可获取、权威、良好管理、价格合理以及可重复使用。[①] 尽管新原则使用了新的语言，但是 1997 年框架中的精神和概念并未改变（见表 4-3）。2017 年，新西兰政府签署了《开放政府数据宪章》，该宪章在《开放和透明政府宣言》和新西兰支持性数据和信息管理原则的基础上推动新西兰开放数据进程。2021 年《政府数据战略与路线图》中提出，政府首席数据管家将制定开放数据宪章实施计划并实时报告进展情况，鼓励各政府机构参与实施计划。

表 4-3　《新西兰数据和信息管理原则》与《政府信息政策框架》

《新西兰数据和信息管理原则》	1997 年的《政府信息政策框架》
开放（open）	• 范围（coverage） • 完整（integrity）
受保护（protected）	隐私（privacy）
随时可获取（readily available）	可获取（availability）
权威（authorative）	质量（quality）
良好管理（well managed）	• 采集（collection） • 所有权（ownership） • 管理权（stewardship） • 保存（preservation）
价格合理（reasonably priced）	定价（pricing）
可重复使用（reusable）	版权（copyright）

资料来源：《新西兰数据和信息管理原则》。

5. 创新应用

澳新银行（ANZ Bank）利用新西兰交通部的国道交通量月报和统计局发布的 GDP 季报发现，高速公路上车辆的流量是衡量经济发展的重要指标。澳新银行将这个发现称之为"卡车晴雨表"（Truckometer）。"卡车晴

---

① 《新西兰数据和信息管理原则》于 2011 年 8 月 8 日发布，在使用新语言的同时，保留了 1997 年框架中经久不衰的概念，特别是质量、所有权、管理权和保管权，https://www.data.govt.nz/toolkit/policies/new-zealand-data-and-information-management-principles/。

雨表"主要由大型交通工具指数（The Heavy Traffic Index）和小型交通工具指数（The Light Traffic Index）两个指数组成。经过回归分析，澳新银行发现大型交通工具指数与GDP有着同步的关系：当卡车数量在某三个月的时期内呈增长趋势的话，GDP在这三个月中也会同步增长（见图4-4）；此外，小型交通工具的数量的增长或减少也预示着GDP在接下来的6个月里的变化态势。"卡车晴雨表"的发现有着巨大的潜在价值。通过分析卡车数量，可以预测未来经济走势，从而为企业和个人提供便利。此外，通过分析接下来6个月的经济趋势，可以为企业是否应该增加投资或招聘新员工提供参考。对个人来说，也可以更明智地选择何时进行储蓄或者消费。

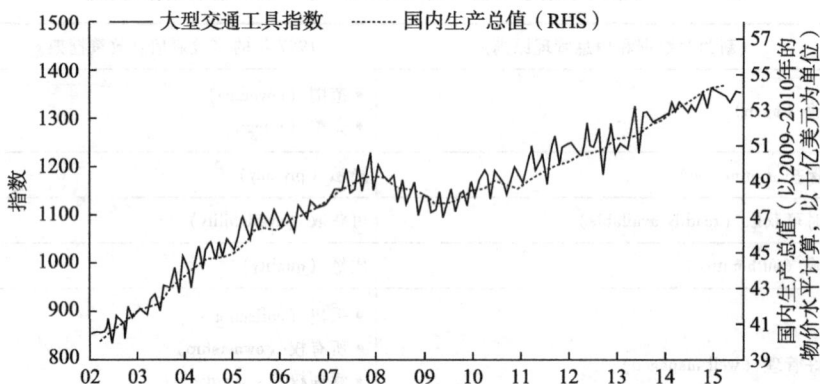

图4-4　卡车晴雨表

资料来源：澳新银行研究所，https：∥www.anz.com.au/personal/。

五　加拿大的开放政府数据实践

1. 开放平台

根据开放数据晴雨表，加拿大政府开放数据得分逐年上升，2013年排名第八（62分），2017年跃居第二（90分），在2018年评估中位列第一（76分）。加拿大政府于2011年上线了open.canada.ca，2014年该网站改版，实现了开放政府和开放数据门户网站的统一。改版后的开放数据门户网站分为综合开放门户和专业性数据开放门户两大板块，综合开放门户

（open government portal）主要用于发布加拿大政府开放的数据，专业性数据门户（open maps）主要用于查询加拿大地理空间信息。

2. 数据内容及格式

截至 2022 年 8 月，open. canada. ca 上已开放 29644 个数据集，涵盖了农业、文学艺术、经济工业、教育培训、政府政策、健康安全、历史考古、信息通信、劳动就业、语言、法律、军事、自然环境、人事、办公流程、科技、社会文化、交通等主题。平台用户可在搜索栏直接查找所需要的数据，也可以在侧边筛选栏根据组织名称（如行政法庭、农业部门、基础设施银行、州政府等）、门户类型、数据集类型、关键词、主题、数据格式、资源类型、更新频次、是否可用 API 接口等条件选择所需数据。平台提供了 csv、html、json、xls、pdf 等多种下载格式，并提供了数据预览等功能，发布了《开放数据 101》（Open Data 101）和数据可视化教程（Data Visualization Primer）等说明，开发了 Open Maps 等可视化工具，使用户更方便地获取、使用数据。用户可通过 APP 和电子邮件时刻追踪平台数据集更新情况，也可以通过官方网站、邮件、推特、脸书等渠道实现与开放数据平台的交互应用，反馈建议。

《加拿大开放政府指令》要求所有政府组织上报其所开放的数据目录，并将各组织上报的数据目录整合。平台上设置了开放数据清单栏目（open data inventory），该栏目按照数据标题、数据描述、发布机构、数据整理时间、数据开放时间等标准排列整合，用户可为各数据集投票点赞，确定各数据集的优先顺序。

平台分列了主动公开数据和依申请公开数据两种选择。主动公开数据是指联邦部门和机构主动披露的财务和人力资源相关信息，包括政府合同、政府部门差旅费、部门支出、会议记录简报等数据；依申请公开是指用户可在明确申请开放数据的要求条款后，向平台提出数据开放请求。平台在数据搜索界面设置了"建议数据集"（suggest a dataset）板块，用户可填写表单进行数据申请，平台会反馈根据请求开放了哪些数据、未开放的原因和障碍，同时提供对数据集进行评分和评论的渠道。

以差旅、接待和会议年度支出数据（annual expenditures on travel, hospitality and conferences）为例，该数据由加拿大国库局秘书处发布，属于主动公开数据，主要发布联邦政府机构每年度支出的差旅、招待和会议数据。该数据库于 2017 年 1 月 17 日正式发布，每年度更新，最近更新日期为 2024 年 5 月 2 日。数据库提供了英语、法语两种语言，有 html、csv、json、docx、xlsx 五种下载格式。这个数据库的关键词有主动披露、差旅、招待和会议，属于经济工业、信息通信主题。数据库还提供了json、xml 等形式的元数据链接，同时还提供了平台维护者电子邮箱地址。平台用户可在平台网站评论数据库，为数据库打分。如果用户发现了网站链接问题或者数据错误，可以在联系界面（contact us）获取平台管理者的办公地址、电话、电子邮箱等信息，及时反馈问题和改进建议。

3. 组织机制

加拿大政府设立了专门的机构负责开放政府数据工作。政府设立了开放政府指导委员会指导开放数据工作，主要负责制定相关政策规划。加拿大财政委员会秘书处（Treasury Board of Canada Secretariat Organization）作为开放政府数据的主管机构，主要负责开放数据的管理协调工作，与各省、地区和市政府合作，制定开放数据各项原则和标准，扩大并举办全国性的数据竞赛；同时内设专门小组负责制定参与计划，促进政府与用户公开对话，提升了政府数据开放工作中的用户参与度。加拿大议会设置了信息专员办公室负责监督政府数据开放工作，同时各相关部门内部也设置了首席信息官负责推进部门内部的数据开放工作。为促进开放数据的广泛利用，加拿大政府建立了开放数据交换中心（Canadian Open Data Exchange），致力于增强加拿大技术力量和加速数据的商业化，将开放数据的商业和社会潜在效益转化为现实效益。

4. 政策法规

2011 年，加拿大政府发布了《开放政府动议》，制定了开放政府战略，开启了开放政府数据进程。此外，作为开放政府联盟成员，加拿大定期制定开放政府国家行动计划。2012 年，加拿大政府发布了《加拿大开放政府行动计划（2012—2014）》，提出了在未来三年将实施的具体措施，其中包括颁布和实施开放政府指令，指导 106 个联邦部门和机构制定开放数据的标准和格式，并制定了开放政府的工作原则，明确开放政府的关注点在于公开信息、开放数据、开放对话。① 2014 年，政府发布了《开放政府指导》（Directive on Open Government），旨在推进政府内部数据信息开放，对政府数据默认开放的范围、开放格式、政府内部数据开放部门的职责做出了详细规定。② 2014 年，加拿大政府发布了《加拿大开放政府行动计划（2014—2016）》，制定了加拿大行动计划 2.0，持续推进开放政府数据发展，制定了加拿大行动计划 2.0 承诺，鼓励各部门机构加强与公众的沟通交流。③ 2016 年，加拿大制定了《加拿大开放政府行动计划（2016—2018）》，围绕开放政府目标对开放数据、开放对话以及开放信息进行整体部署，明确新一轮开放数据改革的方向和框架，为开放政府数据改革提供了方向指引。④

2017 年，加拿大政府制定了《开放数据 101》（Open Data 101），主要介绍通用的数据开放原则与指南，旨在加深公众对数据开放的理解，提升政府数据开放能力。《开放数据 101》中包括开放数据的内涵、原则、价值，在加拿大的使用以及开放数据与机构或社会的关系等。⑤ 例如，机构可从中明确开放数据的完整性、原始性、及时性、可机读性等 10 项原则。用户还可通过指南中所分享的加拿大开放数据（Canadian Open Data Experience，CODE）体验大赛的成果，了解政府开放数据如何使用。同时，为了使用户能够充分利用数据，加拿大政府还提供了针对部分格式的数据和 API 的应用指南《使用数据和 API 工作》，为开放数据门户上部分格式的数据如何使用以及部分 API 提供了解释、提示和建议。2018 年，加拿大政

---

① 《加拿大开放政府行动计划（2012—2014）》由加拿大政府于 2012 年 6 月在开放政府伙伴年度峰会上发布，是加拿大颁布的第一个开放数据国家计划，代表了数据开放的改革和发展方向，https：//open. canada. ca/en/canadas-action-plan-open-government。

② 《开放政府指导》于 2014 年 10 月由加拿大政府颁布，是加拿大开放政府计划的一项重要承诺，https：//www. tbs-sct. canada. ca/pol/doc-eng. aspx？id=28108。

③ 《加拿大开放政府行动计划（2014—2016）》是加拿大政府于 2014 年 7 月发布的第二个开放政府计划，在加拿大行动计划 1.0 的基础上更注重数据价值的开发利用，https：//open. canada. ca/en/content/canadas-action-plan-open-government-2014-16。

④ 《加拿大开放政府行动计划（2016—2018）》于 2016 年 7 月由加拿大政府发布，在加拿大行动计划 1.0 和 2.0 的基础上明确了开放政府的四个关键领域，https：//open. canada. ca/en/content/canadas-new-plan-open-government-2016-2018。

⑤ 《开放数据 101》于 2017 年由加拿大政府制定，是对公众了解开放数据工作的深入普及和指导，http：//open. canada. ca/en/open-data-principles#toc95。

府发布了第四个行动计划《加拿大 2018—2020 年开放政府国家行动计划》，在人性化开放政府、财务透明度、企业透明度、数字政府与服务等方面制定了明确的目标战略。①

5. 创新应用

为了鼓励并规范公众对数据的再利用，加拿大政府发布了《政府数据开放许可》（Open Government Licence），为开放的绝大部分数据集提供了"开放数据许可证"，消除了数据利用的限制，保护公众利用数据的权力。②加拿大政府提供了便于政府数据利用、反馈、互动、开发的互动平台。例如加拿大公众和政府共同开发了多项利用开放数据的应用程序，并在开放门户网站上设立了"APP 长廊"（Apps Gallery）板块。该板块展示了由加拿大政府、公众及加拿大开放数据体验大赛获奖者和参与者创建的移动和基于 Web 的 103 个应用程序，涵盖了农业、经济、自然环境、社会文化、军事、建筑、艺术等多个领域，适用于网络端、安卓、iOS、黑莓等多个系统。同时用户可根据应用程序名称、开发者、应用领域和设备系统等条件筛选获取所需的应用程序。以 CODE 获奖者团队开发的"更健康的通勤"（A Healthier Commute）APP 为例。如图 4-5 所示，用户在记录自己的汽车里程后，可通过 APP 了解一年内汽车里程为 6151.32 千米，排放了 1938 公斤的二氧化碳，足以填满 44 辆垃圾车，也让用户明确自身行动对环境的影响，增强用户的环境保护意识。该应用程序使用了加拿大开放数据平台上开放的油耗等级数据、各城市汽油和燃油的平均零售价格数据，主要通过获取用户的汽车型号和通勤路线习惯，直观展示用户每日通勤对环境的影响和通勤花费。用户可在平台上反馈建议，发表评论，并为应用程序打分。

加拿大开放数据平台也开设了"开放数据使用故事"（Open Data User Stories）板块，旨在展示各群体如何使用开放数据以及利用数据的作用。

---

① 《加拿大 2018—2020 年开放政府国家行动计划》由加拿大政府于 2018 年 12 月正式发布实施，在前 3 个行动计划的基础上制定了 10 项新承诺，促进政府开放性、透明度和问责制的提升，https：//open. canada. ca/en/content/canadas-2018-2020-national-action-plan-open-government。

② 《政府数据开放许可》于 2012 年 11 月由加拿大政府发布，加强了对加拿大公众利用开放数据的保障，http：//open. canada. ca/en/open-government-licence-canada。

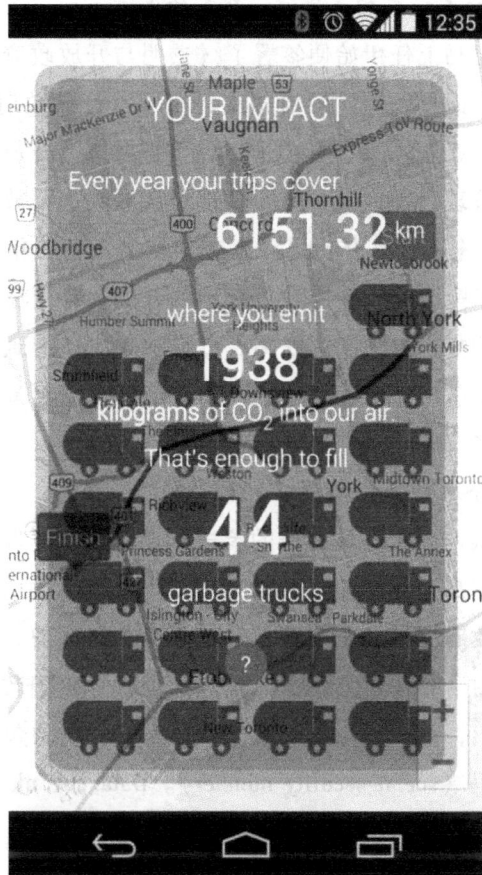

图 4-5　"更健康的通勤" APP

资料来源：https：//open. canada. ca/en/apps/healthier-commute。

例如来自加拿大广播公司的记者分享的"忘记童年白雪皑皑的冬天"（For-get the Snowy Winters of Your Childhood）项目，他通过使用加拿大环境部发布的近年来降雪数据，研发了预测加拿大各重要城市未来十年降雪趋势的可视化工具，并展示了受积雪减少影响的行业故事，以说明全球变暖对加拿大的影响，呼吁人们保护环境。

六　国外典型国家开放政府数据的特征比较分析

综上所述，发达国家在开放政府数据方面呈现了一些相同的特征，主要表现在如下几个方面。

1. 政府高层的支持与相关法律、政策的保障

在美国，奥巴马上任伊始便签署了《透明与开放政府》备忘录，致力于创建开放政府。此外，美国政府相继颁布了《开放政府指令》《开放政府全国行动计划》《建立 21 世纪数据政府备忘录》《开放数据政策——将信息当作资产来管理》等政策，全方位部署政府数据开放行动。自加拿大于 2011 年发布了《开放政府动议》以来，加拿大每三年制定开放政府国家行动计划。为了配合开放政府数据行动的开展，各国还对相关法律和政策进行了修订。例如，澳大利亚联邦议会于 2010 年 5 月通过了《信息自由改革法修正案 2010》。新西兰政府也于 2011 年发布了《新西兰数据和信息管理原则》替代了 1997 年的《政府信息政策框架》。

2. 注重公民个人信息的保护

在《奥巴马政府关于开放政府的承诺：工作进度报告》中，美国政府提出，开放政府不是无条件和无限制的；开放政府的建立必须考虑国家安全、法律实施、政府权力、个人隐私与商业机密的保护。发达国家在开放政府数据的过程中十分注重公民个人信息的保护。美国政府在 data. gov 上的隐私政策中指出，在 data. gov 上提问或留言时，切勿包含个人信息，特别是社会保障号码（social security number）。Data. gov. uk 明确提出只公布非个人、非隐私的数据，例如学校列表、犯罪行为列表，以及当地议会的表现等。澳大利亚政府在 data. gov. au 上也表明绝不采集个人信息；公众如需与该平台联系或提建议，无须使用真名。

3. 注重用户需求

上述五国政府的数据开放平台上都设置了数据请求的功能，便于公众申请需要的数据。各国都公布了这些请求以及政府回应的进度。以新西兰为例，目前共收到了 247 个数据请求，已有 146 个得到了政府相关部门的回应。新西兰和澳大利亚政府的数据请求页面还设有投票功能，便于政府部门及时、准确了解公众的数据需求。英国政府在公开《国家信息基础设施》（The National Information Infrastructure，NII）的数据列表之前，在 Data. gov. uk 的官方博客上发布通告请英国民众选出他们认为最有价值的数据。此外，英国政府还鼓励公众对 Data. gov. uk 上的数据集从"经济增长""社会进步""有效的公共服务""与其他数据集的潜在关联""其他关键数据"五个方面进行评分。

4. 鼓励开放数据的应用

开放政府数据的目的在于应用数据。除开放数据外，上述五国政府都鼓励企业和公众应用数据。在各国的政府数据开放平台上都设置有"应用展示"板块，并标明了各个应用所使用的数据来源。加拿大开放数据平台中的"APP 长廊"板块发布了 103 个利用开放政府数据开发的应用程序。美国纽约大学的政府实验室（GOVLAB）开放数据 500 强项目（Open Data 500）评选出了全美 500 个运用政府开放数据来提供产品和服务的公司。开放数据 500 强项目的经济价值在于评估政府开放数据；鼓励更多的公司运用政府开放数据；促进政府和商业界在开放数据方面的进一步对话。

此外，各国在开放政府数据方面也具有各自的特点。例如，在授权方面，新西兰和澳大利亚政府都采用了知识共享 3.0 协议，英国和加拿大政府使用的是开放政府许可（Open Government License），美国则规定凡是联邦政府的数据都是免费且可以无限制使用的，而非联邦数据（例如，有"大学""州"标志）则拥有不一样的许可方式。在开放的内容方面，以政府支出数据为例，全球开放数据指数要求开放中央政府详细的支出交易记录，包括政府购买某项具体商品或服务方面的月支出（而不只是政府合同的记录）。2016 年，根据全球开放数据指数，英国和美国政府分别公开了 70% 和 65% 的政府支出情况，而澳大利亚、新西兰和加拿大完全未公开政府支出，仍需在这方面努力。在数据的开放程度方面，英国采用了万维网之父蒂姆·伯纳斯·李（Tim-Berners Lee）的五星标准。此外，在数据的存储方面，新西兰数据开放平台 data. govt. nz 本身并不承载任何数据，而是通过提供链接访问其他政府机构网站。

第二节　国外政府通过开放数据防治腐败的案例分析

一　欧盟通过开放游说数据监督议员诚信

1. 欧盟的腐败情况

2013 年，根据透明国际的调查，60% 以上的欧盟国家被访者（比利时为 70.00%、希腊为 83.00%、意大利为 70.00%、西班牙为 66.00%、英国为 60.00%）认为他们的政府是由几个大的利益集团经营，而政党是腐败最严重的组织。欧盟国家在决策过程中普遍存在不信任，而这个问题主要与游说有关。仅在布鲁塞尔，就有约 25000 名说客影响欧盟立法。根据对 19 个欧盟国家游说政策和做法的评估，透明国际发现，所有评估国家现有游说立法质量的平均得分为 31.00%。不受约束的游说和不透明的游说会导致失败的政策决定和增加被特殊利益集团利用的风险。2011 年，一场用现金换修正案的丑闻曾震惊欧洲议会，4 名欧洲议会议员接受了卧底记者的高额报酬，承诺通过立法修正案。

2. 欧盟的开放政府数据总体现状

2001 年，欧盟建立了一项赋予公民获取欧盟文件权利的制度。10 多年后的 2012 年 12 月，欧盟委员会（European Commission）启动了欧盟开放数据门户网站（data. europa. eu），该网站成为欧盟委员会以及其他欧盟机构所掌握的数据的中心枢纽。欧盟开放数据门户网站目前发布了 1420357 个数据集，涵盖 73 个分类、36 个国家。特别是有关欧盟机构透明度和诚信度的数据（例如透明登记簿，Transparency Register）也出现在欧盟开放数据门户网站上。透明登记簿源于 2011 年，是欧盟委员会和欧洲议会（European Parliament）为游说团体而联合设立的登记簿，它提供有关试图影响欧盟决策的游说组织的关键信息。

然而，欧盟开放数据的进展好坏参半。在某些情况下，诸如议员的资产申报等信息都是 PDF 格式，使得数据难以被提取，而某些机构仍然没有公开游说信息。即使是欧盟开放数据门户网站也面临挑战。首先，欧盟开放数据门户网站通常是现有公开数据集的集合，而不是欧盟机构直接开放了数据。此外，诸如理事会和议会等主要欧盟机构对共同项目的贡献还有待增强。例如，对于透明登记簿，欧盟委员会和欧洲议会的规定不同。对于欧盟委员会来说，游说者登记是强制性的，这意味着必须在参加任何会议之前出现在登记册上。而对于欧洲议会来说，注册是自愿的，尽管注册的相关规定允许组织为他们的说客申请进入议会大楼的通行证，但实际上，"没有什么能阻止欧洲议会议员会见未注册的游说者"（Transparency International EU，2017）。此外，较低的用户使用率也说明门户网站在可用性上需要改进。

3. 欧盟议员诚信监督项目

（1）数据开放平台

2014 年 10 月，透明国际欧盟分会推出了欧盟诚信观察网站（EU Integrity Watch，www. integritywatch. eu），这是一个可以运用不同工具监测欧盟机构诚信度的在线门户网站。

（2）开放数据内容

欧盟诚信观察网站项目的成功启动得益于欧盟免费提供的数据，特别是欧盟委员会从 2014 年开始公开的游说会议数据。2015 年 6 月底，该项目合并了欧盟高级官员举行的与说客 7000 多次会议的信息，以及在布鲁塞尔活跃的游说组织的信息（包括宣布的游说开支、人员和主题活动领域），提供了布鲁塞尔游说活动的总体情况。目前，该项目主要关注 4 种关键数据。

第一，欧盟委员会会议数据。欧盟委员会高级官员自我报告的与游说者会面的数据有助于了解游说活动的性质和话题。目前该网站包括 14397 次会议、3537 个组织、11480 位游说者的会议数据。网站列出了排在前 10 位的会议召集人、游说组织等，并运用词云形式展示了会议主题中最常出现的术语。如果关于某个特定主题的会议越多，它在词云中就越大。例如，新冠疫情、数字化、能源都是近期热门的主题。

第二，欧洲议会会议数据。该网站提供了自 2019 年 7 月以来欧洲议会成员发布的 27054 次游说会议的数据，包括会议时间、主办人、主办人的党派、国家、所属委员会、职位、会议主题以及游说者等。通过点击可视化的图表，用户可以按照政治团体、国家和委员会等对会议进行排序，这些图表代表了特定团体或国家的欧洲议会议员自其任期开始以来至少公布了一次游说会议的比例。透明国际欧盟分会鼓励欧洲议会议员主动公布与游说者的所有会议。

第三，游说组织数据。透明登记簿提供的数据展示了游说组织的名称、在游说方面花费的资金、游说人数以及感兴趣的政策和话题。目前，透明登记簿共有 13608 个游说组织，其中最多的游说组织为公司（7031 个）、非营利组织（3778 个）与智库（1002 个）。自 2014 年 12 月以来，与欧盟委员会举行高级别会议次数最多的游说组织包括欧洲企业组织联合会（Business Europe）、谷歌（Google）、空中客车（Airbus）、欧洲消费者联盟（Bureau Européen des Unions de Consommateurs，BEUC）、欧洲工会联盟（European Trade Union Confederation）。以谷歌为例，自 2014 年 12 月以来谷歌参加了欧盟委员会举行的高级别会议 249 次，年均游说花费为5750000～5999999 欧元，共有 21 位游说人员。

第四，欧洲议会议员的收入数据。欧洲议会议员提交的财务申报信息可以用于审查其在潜在冲突领域的外部活动和收入。当前，欧洲议会议员共有 705 位，其中 50～59 岁的人数最多，共 225 人。508 位议员申报的年度外部收入总额为 0，接下来申报人数最多的为小于 6000 欧元（74 人）和小于 12000 欧元（73 人）。网站还按照年度外部收入列出了议员的国别、政党、所参加的活动。例如，外部收入排第一位的为比利时前任首相居伊·伏思达（Guy Verhofstadt），点击他的姓名后，可以展示他的工资、年龄、党派、职业、所属委员会等。该项数据有助于识别具有高度外部活动的欧洲议会议员，从而更好地监督他们在议会的立法工作和外界活动之间潜在的利益冲突活动。

（3）政策法规

根据《欧盟委员会决议 C（2014 9048 决议与 9051 决议）》，从 2014年 12 月 1 日起，欧洲联盟委员会高级工作人员，包括委员、其内阁成员和总干事，必须在网站上公开与游说者会面的细节，包括组织和个人的名称、时间、地点和会议主题。根据该决议的第 4 款第（1）条，信息应在会议后两周内以标准化格式发布。欧盟委员会成为世界上第一个在其网站上公布所有高级别游说会议的大型政府机构。会议信息的公布以及游说者须首先注册的要求，都是欧盟在提高游说透明度方面向前迈出的一大步。

欧洲议会的内部规则要求报告员、影子报告员和委员会主席公布他们与游说者的会面情况。当会议涉及某项特定立法报告时，监督这项报告起草的议会议员必须公布会议信息。该规则鼓励所有其他议员在自愿的基础上在议会网站上公开他们的游说会议，但不是强制性的。此外，《欧洲议会行为守则》规定，为透明起见，欧洲议会成员应提交财务利益申报。这些声明随后也将在议会网站上公布。

（4）组织机制、其他机构的作用

欧盟诚信观察网站项目是一个由反腐败和开放数据领域的不同组织参与的合作项目。平台 ParlTrack 用于获取数据。数据每天都会从欧盟委员会和欧洲议会的网站上获取，存储在一个数据库中，这个数据库与许多其他的非营利组织（如 Corporate Europe Observatory）共享，以分摊成本、减少重复劳动。这些数据会被标准化成一种通用的和共享的格式，并通过单个应用程序编程接口（API）提供给所有合作伙伴组织。

一旦欧盟诚信观察网站获得数据，透明国际欧盟分会就会利用这些信息进行研究和后续工作，并将原始数据提供给数据记者、公民社会组织和感兴趣的公民。该平台背后的技术（D3. js）由纽约时报开发，目的是让更广泛的受众能够访问复杂的数据集。随着新数据的发布，网站将会包含更多的数据集。

欧盟诚信观察网站的最初开发和设计在技术方面花费了大约 2 万欧元（约合 16 万元人民币），以及透明国际欧盟分部一位专职人员大约 6 个月工资。由于该技术易于扩展，可以适应不同的数据集，现在可以用更小的预算创建国家版本。例如，法国诚信观察网站的持续发展预算仅为 4000 欧元。国家版本的成本主要取决于拟展示的数据的可用性、质量和格式。

（5）腐败防治效果

2015 年，欧盟诚信观察网站拥有超过 22400 名访客。透明登记簿和诚信观察平台的存在已经开始带来文化的改变，在这种情况下，说客们开始更认真地对待自愿登记，并提交更有意义的声明。欧洲议会的成员在当选之前就主动离开了他们原来的工作岗位，因为他们知道一上任就必须公开他们的收入和活动。自诚信观察工具推出以来，欧洲议会议员的外部收入每年减少了 150 万欧元（约合 1200 万元人民币），近 100 项活动被取消。

该项目已产生了具体和切实的影响：第一，加强了对欧洲议会议员的监督和审查以及潜在的利益冲突；第二，欧洲议会议员发表了超过 100 份声明，以纠正或澄清这些信息；第三，数百名游说人士更新了他们在欧盟透明度登记簿上的声明；第四，越来越多的组织报名参加自愿的游说登记；第五，超过 500 个组织因未遵守规定而被暂停。

二 斯洛伐克通过在线公开政府合同惩治医疗腐败

1. 斯洛伐克的腐败情况

根据 2021 年透明国际的清廉指数排名，斯洛伐克在全球 180 个国家中排名第 56 位。由于严重的政治干预，斯洛伐克的公安机关和检察机关很少能侦破重大腐败案件（Sipos，2015a）。从 2012 年到 2015 年，超过一半的腐败案件与医生或警察相关，涉案金额通常连 20 欧元都不到（Sipos，2015a）。尽管斯洛伐克媒体一直有关于政治和经济精英滥用权力的报道，但与周边国家不同，斯洛伐克高级政客很少会被关进监狱（Sipos，2015a）。

公共采购一直是斯洛伐克腐败的温床。根据透明国际斯洛伐克分会的相关调查，四分之三的斯洛伐克人认为，公共采购过程几乎都是事先确定好的。由世界经济论坛发布的全球竞争力报告（Global Competitiveness Report）在关于政府官员公共决策时会徇私的问题上（例如，如何分配合同），一直将斯洛伐克列于最后五位（共 139 个国家）（World Economic Forum，2010）。由斯洛伐克商业联盟进行的一项民意调查发现，参加斯洛伐克政府采购的公司行贿的平均规模相当于其投标价值的 13.00%。1996～2015 年，斯洛伐克最大的政治丑闻均与政府招标相关。根据透明国际斯洛伐克分会的另一项民意调查，腐败被认为是斯洛伐克社会所面临的十分严重的问题之一。医疗领域是被腐败影响最严重的部门。在 2013 年至 2015 年的三年间，包括卫生部部长在内的 12 位高级政府官员由于腐败丑闻而被迫辞职。据相关测算，由于医疗卫生系统的腐败，每年有多达 3000 名斯洛伐克人死亡。

2. 斯洛伐克的开放政府数据情况

斯洛伐克是 2011 年成立的开放政府伙伴关系联盟的首批签约国之一。2011～2015 年，斯洛伐克政府进行了透明改革，以防止腐败行为，并鼓励公民监督政府采购流程。此次改革在公共采购方面产生了明显的效果。多达 8.00% 的斯洛伐克人每年至少会在线浏览和核对一份政府采购合同或票据。自 2012 年以来，访问政府采购合同网站的人数增加了三分之一，每月有超过 5 万次的访问量。

尽管斯洛伐克收集和发布的采购数据比世界上大多数国家都多，其数据质量仍然存在问题。更多的信息并不意味着更好的信息。由于斯洛伐克没有开放数据标准。诸如招标说明书、投标人的报价、评审委员会的笔记之类的文件并未以开放的格式公开，使得搜索极具挑战性。此外，开放的采购数据尚不能与其他数据（业务注册表、地籍数据或财务注册表）进行直接对接。

3. 斯洛伐克的在线公开政府合同项目

（1）数据开放平台

斯洛伐克建设了国家层面的合同数据开放平台中央合同登记网站（Central Register of Contract, https://www.crz.gov.sk/）。此外，2012 年，透明国际斯洛伐克分会利用斯洛伐克政府公布的各类采购数据创建了门户网站（Open Public Contracts in Slovakia, http://tender.sme.sk），旨在对数据进行深入挖掘，以调查潜在的腐败案件。

（2）开放数据内容

中央合同登记网站目前包括 3056015 份合同。用户可以通过供应商名称、相关政府机构、发布日期、合同名称、合同编号、合同所涉金额等进行搜索。每份合同的类型、编号、名称、金额、供应商、相关政府机构、发布日期、截止日期、生效日期均发布在该网站上。此外，每份合同的原文也均以 pdf 格式发布在网站上。

但是，人们对网站上所应公开的文本范围仍然存在一些担忧。例如，与就业合同、国家安全、家庭生活和失业福利有关的文件均有豁免权。

（3）相关政策法规

2011 年，《斯洛伐克信息自由法修正案》规定，除涉及国家安全等的合同外，所有政府采购合同必须在网上公布（包括开放的、机器可读的元数据），包括竞标者的出价也必须公开。在合同签约后的三个月内，该合同的完整版本应在线公布，否则将被视为无效。早期的信息公开政策要求公民主动申请与采购相关的信息。根据现行法律，默认情况下，所有信息都必须公开，这使得公民和监督组织更容易发现可疑的腐败模式或其他迹象。斯洛伐克的该项法律被认为是现有透明度立法中最雄心勃勃和最积极主动的。透明国际斯洛伐克分会执行主任将其称为"世界上最引人注目的透明度改革"之一（Sipos, 2015b）。从 2011 年起，斯洛文尼亚、捷克等国家也纷纷通过了相似的法律，要求公开政府采购合同。

（4）组织机制、其他机构的作用

中央合同登记网站由斯洛伐克共和国政府办公室负责管理和运营。斯洛伐克共和国政府办公室是斯洛伐克共和国国家行政的中央机构。它控制国家行政任务的执行和用于执行国家行政任务的资金的管理，以及用于处理请愿书、通知和投诉的资金。

此外，中央合同登记网站的成功上线也来源于地方政府的努力。2005年，斯洛伐克西南城镇 Sala 的一些政治家发现市长办公室缺乏透明度，所以他们开始在网站上发布与市政业务相关的公共合同。当该组织在一年后的市议会选举中获得胜利后，政治家们继续推进透明度提升的相关工作，使得 Sala 成为斯洛伐克第一个在网上公布所有公共合同和收据的城市。大约在同一时间，北部城市 Martin 也同样开始在网上公开合同和收据。

这些努力非常受公众的欢迎，两位市长随后都再次当选。2010 年底，斯洛伐克司法部部长在议会辩论拟议的新透明度规则时，她高度赞扬了这两个地方政府所做的基础工作："我认为有必要提醒我们，我们正在从地方政府那里汲取灵感，它们向我们表明，在网上公布合同、订单和收据不会引起任何问题；相反，它提高了地方领导的可信度，也确保了在处理公共资源时的有效性和责任心。"（Transparency International Slovakia，2015）

（5）腐败防治效果

2012 年，透明国际斯洛伐克分会开始重点调查医疗领域的公共合同。他们首先分析了斯洛伐克医院在过去的 5 年中采购 CT 扫描仪的情况，发现同型号机器的购买价格差别很大，甚至可以达到 1 倍。进一步的分析发现，尽管斯洛伐克全国有四家全球性 CT 扫描仪生产商，但是三分之二的采购合同其实都只有一家公司竞标。而且大部分的合同都是给予了中间商，而不是官方生产商。这些初步的发现促使斯洛伐克分会对数据进行进一步的分析。

斯洛伐克分会将公共采购和商业登记数据集连接起来，进行了比对、分析，发现了一桩腐败丑闻。2014 年秋季，斯洛伐克分会在政府采购门户网站上搜索，发现价值 8000 万欧元的公共基金用于支付四家公立医院刚刚签署的餐饮合同。合同规定这些医院必须购买食物长达 10 年。根据公开的采购数据，这 4 个招标每一个都有 3 个投标者，而其中 2 个投标者似乎是在相互串通骗取中标。工商注册数据显示，其中一家投标公司 HCS，隶属于一家总部位于德国的空壳公司。另一个投标公司 DG 也与 HCS 有关系。最终，HCS 和 DG 赢得了所有利润最高的合同，尽管这两家公司是餐饮业的新人。

此外，竞标成功的价格高于市场平均价格将近 50.00%。通过与其他医院的相关价格数据进行比较，透明国际斯洛伐克分会发现，即使包括更新餐饮设施的成本，这些新合同中的价格都高于以前四分之三案例中的价格。分析也显示医院订购的食品数量大大高于实际所需食物。

在透明国际斯洛伐克分会完成对公开数据的分析之前，来自斯洛伐克最具影响力的日报 SME 的记者与透明国际斯洛伐克分会取得了联系。大约在同一时间，SME 收到了其中一家医院的医生关于餐饮招标的内幕消息。2014 年 12 月 7 日，透明国际斯洛伐克分会与 SME 联手公布了投标书的详细内容。三天后，斯洛伐克发生了重大的人事变动。三名医院院长被解雇（第四位院长刚刚到任）。此外，斯洛伐克卫生部部长的得力助手、卫生部总幕僚长（Miroslav Sencak）辞职。

三　立陶宛通过开放法官绩效惩治司法腐败

1. 立陶宛的腐败情况

立陶宛的司法部门在易腐败方面风险极大。透明国际发布的 2013 年全球腐败晴雨表调查结果显示，五分之四的立陶宛公众认为该国的司法机构是腐败的或者极度腐败。这些负面的看法可能源于该部门缺乏透明度以及发生在法庭上的一些隐蔽的腐败形式。立陶宛发生了很多法官参与潜在的利益冲突的案件。2015 年，一起案件涉及上诉法院的法官，甚至包括主席。法官们在一位知名商人的餐馆里举行了庆祝会，这位商人的几起法律案件都由这些法官审理。尽管主席承认他的行为是不适当的，但立陶宛司法委员会并未惩罚这些法官。这个案件所揭示的问题与国家反腐败工作组（Group of States against Corruption）对立陶宛腐败状况的评估中所强调的挑战不谋而合。国家反腐败工作组后来发布的报告建议采取行动，提高该国法官对道德困境和利益冲突的认识。①

2. 立陶宛的开放数据现状

立陶宛政府在开放数据方面的表现好坏参半。尽管其认识到了开放数据的价值，但并没有制定完整的开放数据政策，相关的承诺也被纳入了其他项目。此外，立陶宛集中开放数据门户建设较晚，尽管讨论创建该门户的日期可以追溯到 2010 年，但在 2020 年 6 月才正式上线。

立陶宛政府断断续续地推出了一些开放数据方面的活动。2015 年，一项关于修订现有法律的草案被提出，将开放所有数据（除法律上受隐私权法规约束的数据），并应用公共许可证，允许数据不受限制地重复利用。立陶宛政府也通过交通部进行了关于在立陶宛实施开放数据行动的可行性研究。然而，立陶宛的公共部门机构一般不理解开放数据带来的好处（Transparency International Lithuania，2016）。几乎没有联邦一级的政府机构愿意分配资源促进开放数据或将其当前数据集转换为开放数据格式。

立陶宛开放数据的挑战反映在其司法机构公布的数据的类型和质量上。尽管立陶宛有大量关于法院和法官的数据，但并不是开放数据格式，而且信息非常分散。立陶宛的每个法院都有自己的网页，但没有提供定量数据（如审判的案件数量）。全国法院管理局（NCA）是这类数据的主要来源，但它的网站（www. teismai. lt）对用户不是十分友好，而且数据也没有以开放格式提供。

3. 开放数据评价司法绩效

（1）数据开放平台

在与透明国际立陶宛分会举行了多次会议之后，NCA 同意与透明国际立陶宛分会合作开展一项新的在线项目（www. atvirasteismas. lt）。该门户网站为普通公民提供了一个机会，让他们了解司法机构的具体工作，并为法院提供额外的问责渠道。透明国际立陶宛分会的目标是借助该网站开放那些以前无法访问的有关法院和法官工作的数据。通过该网站，公众可以

---

① 截至 2022 年 8 月，国家反腐败工作组已经对立陶宛防治腐败情况进行了五轮评估，并将报告发布在网站上（https://www.coe.int/en/web/greco/evaluations/lithuania）。

轻松、有效、快速地搜索司法信息，从而增强公众对司法部门的信任。

该网站于 2015 年 9 月上线，用户可以浏览有关立陶宛法院和法官绩效的数据。所有数据均由 NCA 提供，并已进行了标准化处理。用户可以看到 NCA 用于评估不同的法院（地方、区域、行政及以上级别的）和法官的相关绩效指标的平均值。该网站还提供法院和法官的详细数据，包括他们的排名。用户可以选择任意一位法官，然后将他的表现与其他法官进行比较。用户也可以在规定的时间内进行比较，目前该网站包括自 2009 年以来的数据。

（2）开放数据内容

在该网站启动之前，大部分这些数据都可以从 NCA 获得，但它是以分散和零碎的方式收集的（为在地方法院工作的法官保留单独的数据集）。此外，数据文件中没有使用统一模板，即行和列的顺序不同。当初建立该网站面临的挑战是以统一的格式组织和汇编所有数据，并建议 NCA 在未来也采用同样的格式。此外，在编制和标准化该网站的数据时，还发现了一些必须修正的错误，例如数据不正确等。

网站开放的数据包括法院判决案件的数量、审理一个案例花费的时间、预算、法官的从业年限等。该网站为不同水平的专家和用户参与而设计。网站上的信息包括用户友好的、个性化的"平均值"，也包括便于进行多重比较的、高度复杂的图形，目的是满足公众和司法专家的需求。例如，2015 年立陶宛所有法院平均审理 7490 个案件，每个案件的审理时间约为 1.86 个月，平均预算为 994764 欧元，法官的平均从业年限为 14.6 年。此外，公众可以对地方法院和特定法官进行搜索，使公众能够更好地了解当地的司法机构。

（3）组织机制、其他机构的作用

NCA 和许多司法监督机构（非政府组织）的密切参与使这个项目得以成功实施。在平台推出后，透明国际立陶宛分会直接与所有法院的院长进行了联系，收到的反馈主要是积极的。网站的成功启动表明，非政府组织与公共机构之间的有意义的合作可以带来双赢的局面。

（4）腐败防治效果

首先，透明国际立陶宛分会利用这些数据与法官开启了如何评估该国法院和法官绩效的探讨。通过法官的多次反馈，目前以绩效为基础的制度对于普通公民了解法院和法官的工作并不理想。目前正在使用的评估标准要求高于平均水平的专业知识，这表明应修订绩效指标。总体而言，开放数据平台的创建和推出有助于营造一种氛围，即目前正在使用的一些基于绩效的指标需要重新审视。开放数据平台为司法监督机构评估法官工作量、更新数据提供了动力。

其次，该网站使更多的人可以了解立陶宛法院和法官的工作，提高了该国司法体系的透明度。该网站的推出获得了高度的关注，在其刚启动的两个月中，有超过 4000 名用户访问了该网站。不论是用户浏览时间（平均 4 分钟，是花在其他网站上时间的两倍），还是用户打开的页面数量，该平台在透明国际立陶宛分会创建的所有在线工具中都脱颖而出。对于法律专家来说，该网站在评估法院和法官的工作方面起了重要作用。

最后，诸如 www. atvirasteismas. lt 这样的案例有助于传播开放数据的理念，也凸显了国家、地方或机构层面对开放数据战略的需求。在这个案例中，该网站清楚地向 NCA 展示了数据的重要性以及数据在其机构内的处理方式，许多类别的数据以许可和/或非机器可读的格式呈现，不是很恰当。该网站也使 NCA 注意到了应该用来管理其数据的程序和技术解决方案，从而更新数据系统。因此，这项工作在某种程度上促使 NCA 更加了解和支持开放数据。

四　国外政府通过开放数据防治腐败的案例总结

本节重点分析了透明国际发布的 3 个通过开放数据防治腐败的案例：欧盟通过开放游说数据监督议员诚信、斯洛伐克通过在线公开政府合同惩治医疗腐败，以及立陶宛通过开放法官绩效惩治司法腐败。通过深入的案例分析，我们初步得出如下结论。

1. 要使数据有用且可用，必须符合开放数据标准

如前所述，开放数据具有四个特征：可获得性、可机读性、免费、可以反复使用和反复分发。在欧盟通过开放游说数据监督议员诚信案例中，该项目使用的所有数据集需要从不同的来源提取，而且需要提前进行清理，因为它们不是以机器可读的格式提供的。在立陶宛通过开放法官绩效

惩治司法腐败的案例中，当初建立该网站面临的重大挑战便是按照开放数据的标准、以统一的格式整理和汇编所有数据。只有通过手工编辑和清理数据，使数据转换为一种开放数据格式，才有利于开放数据成为防治腐败的有效工具。

2. 应重点开放那些对防治腐败具有重要作用的数据

如前所述，TACOD 英国团队的研究发现，开放数据在防治腐败方面存在巨大的潜力，而且某些特定数据与腐败行为存在更紧密的联系，包括：礼物与接待登记簿、利益登记簿、绩效记录、游说记录、会议记录、公众听证会记录。而在本节的三个案例中，也有一些数据在防治腐败方面起到了至关重要的作用（见表 4-4）。在欧盟案例中，议员诚信监督网站上主要开放了 4 类数据：欧盟委员会会议数据、欧洲议会会议数据、游说组织数据、欧洲议会议员收入数据。斯洛伐克政府公布了 3056015 份政府采购合同，立陶宛政府以开放数据格式集中开放了所有法院和法官绩效的数据。

这与 TACOD 英国团队的研究结果是一致的。此外，根据开放数据晴雨表第四版全球报告，目前有关合同、土地所有权、工商注册信息的数据是非常不透明的，而且是最不开放的。真正开放了这些数据的国家是非常有限的，但是这些数据对于防止腐败行为和增强政府责任是非常关键的。

表 4-4　对防治腐败具有重要作用的数据集

国家/地区	开放数据平台	反腐败数据集	部门/领域
欧盟	欧盟议员诚信监督网站 （www.integritywatch.eu）	• 欧盟委员会会议数据 • 欧洲议会会议数据 • 游说组织数据 • 欧洲议会议员收入数据	立法 部门
斯洛伐克	斯洛伐克开放合同网站 （https：//www.crz.gov.sk/）	• 公共采购数据集 • 工商注册信息	医疗等 部门
立陶宛	立陶宛司法绩效开放网站 （www.atvirasteismas.lt）	• 法院和法官绩效数据（包括结案量、 结案用时、办案量、工作时长等）	司法 部门

3. 政策法规在开放数据防治腐败方面发挥着重要作用

在本节的三个案例中，只有斯洛伐克政府通过公开政府合同数据防治腐败的行动是基于坚实的、具体的法律的。2011 年，《斯洛伐克信息自由法修正案》规定，除涉及国家安全等的合同外，以开放的、机器可读的格式在网上公布所有政府采购合同。如果在合同签订后的三个月内，该合同的完整版本没有在线公布，该合同将被视为无效。正是基于这项法规的支持，透明国际利用公开的合同信息和企业注册信息，发现了串标的现象，揭露了一桩腐败丑闻。这个结论也证实了面板数据的分析结果：法治在防治腐败方面发挥着重要的作用。

在欧盟通过开放游说数据监督议员诚信的案例中，欧盟委员会决议虽然规定了委员及其内阁成员以及总干事必须在网上公布他们与游说者会面的信息，但该决定没有要求游说者在透明登记簿上登记。此外，欧盟委员会内部工作方法中只提到委员适用这一规则，未提及内阁或总干事。2018年更新的《专员行为守则》覆盖了内阁成员。然而，对于总干事来说，游说者在会议前注册的要求在 2019 年 12 月才正式被引入。此外，这两项规定——关于公布游说会议信息及排除未注册的游说者——只适用于欧盟委员会最高级别的决策者。在 3 万名委员会官员中，只有大约 250 人被禁止会见未注册的游说者（Silva，2017）。

4. 媒体与非营利组织扮演着不可替代的角色

媒体与非营利组织在三个案例中都扮演着不可或缺的角色。具体来说，主要包括两个方面的作用：一是在开放数据方面的作用；二是在揭露腐败行为方面的作用。例如，在欧盟通过开放游说数据监督议员诚信的案例中，透明国际欧盟分会多次与欧盟委员会、欧洲议会进行沟通，从而扩大数据的可用性和质量。此外，平台 ParlTrack 与纽约时报在开放数据平台的建设与运维方面发挥了巨大作用。例如，该平台背后的技术（D3. js）由纽约时报开发，而 ParlTrack 用于获取不同来源的数据。在斯洛伐克医疗丑闻案中，在透明国际斯洛伐克分会完成对公开数据的分析之前，来自斯洛伐克最具影响力的日报 SME 的记者与透明国际斯洛伐克分会取得了联系，SME 收到了一家医院的医生关于餐饮招标的内幕消息。2014 年底，透明国际斯洛伐克分会与 SME 联手公布了投标书的详细内容，揭露了腐败行为。这也与面板数据的分析结果相一致：媒体的自由与一个国家的腐败程度是显著负相关的。

5. 较高的经济发展水平促进了开放数据在反腐败领域的应用

纵观 3 个案例，欧盟、斯洛伐克、立陶宛等国家和地区的经济发展水平较高。如图 4-6 所示，2009～2021 年，欧盟、斯洛伐克、立陶宛的人均 GDP 都较高。此外，也高于世界平均水平。由此可见，在某种程度上，较高的经济发展水平也会促进开放数据的发展，包括在反腐败领域的应用。这也与面板数据的分析结果一致。

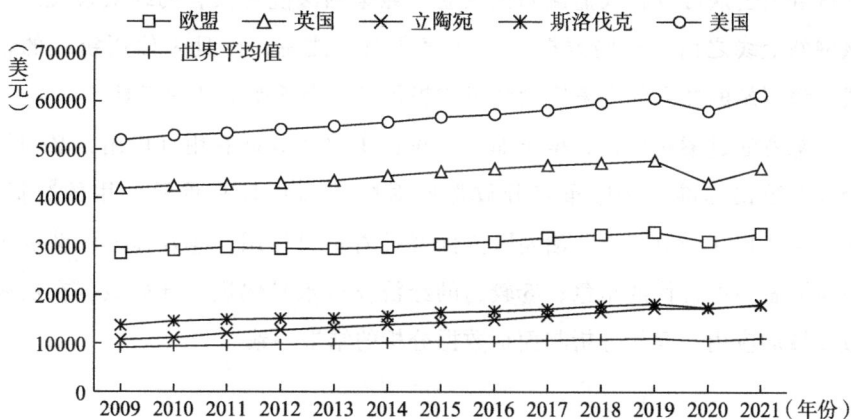

图 4-6　人均 GDP（constant 2015 US dollars）

第三节　本章小结

本章首先阐述了国外典型国家开放政府数据的实践做法，介绍和分析了美国、英国、澳大利亚、新西兰、加拿大开放政府数据的平台、内容、格式、组织机制、政策法规与创新应用，为具体分析开放政府数据在防治腐败方面的作用奠定了基础。

本章的第二部分重点分析了 3 个通过开放数据防治腐败的案例：欧盟通过开放游说数据监督议员诚信、斯洛伐克通过在线公开政府合同惩治医疗腐败、立陶宛通过开放法官绩效惩治司法腐败。2014 年 10 月，透明国际欧盟分会建立欧盟诚信监督网站，作为欧盟反腐的重要工具。该网站公布了游说会议记录、游说者档案以及议员财务信息等。欧盟诚信监督网站的建立在欧盟委员会和欧洲议会中营造了更加透明的氛围，欧洲议会成员的外部收入年均减少了大约 150 万欧元。在斯洛伐克，从 2011 年起，所有的政府合同均需要在线公开，而且必须使用开放的、机器可读的格式并提供元数据。任何在签署三个月之内未在线公开的合同均视为无效。透明国际斯洛伐克分会通过对比、分析公开的政府采购数据与商业注册数据，揭露了两起医疗贪污丑闻。2015 年 9 月，立陶宛全国法院管理局与透明国际立陶宛分会共同展开了一个新的在线项目：www. atvirasteismas. lt。该网站使得普通公众可以在线监测和比较立陶宛全国法院和法官的绩效表现。在该网站上线之前，这些数据分散保存在地方法院，而且未使用统一的格式。该网站的建立为立陶宛司法机构提供了一个透明的评估工具。

笔者通过案例分析，得出如下结论：①要使数据有用且可用，必须符合开放数据标准；②应重点开放那些对防治腐败具有重要作用的数据；③政策法规在开放数据防治腐败方面发挥着重要作用；④媒体与非营利组织扮演着不可替代的角色；⑤较高的经济发展水平促进了开放数据在反腐败领域的应用。案例分析与面板数据分析的结果一致。

第五章 问卷调查与访谈：基于我国公众与公共部门工作人员

经过严格筛选，我们剔除了存在回答时间过短、问卷填写内容前后逻辑相斥、选择过于随意等问题的问卷，[①] 最终本次调查共回收有效问卷 2302 份，其中面向公众的（以下简称"公众篇"）问卷为 1690 份，面向公共部门工作人员的（以下简称"公共部门篇"）问卷为 612 份，涉及北京、山东、四川、浙江、黑龙江、山西、江苏、湖南、陕西、云南、江西，共 11 个省市。

公众篇和公共部门篇问卷调查的基本信息结果描述性统计如表 5-1、表 5-2 所示。性别方面，在本次调查所涉及的受访公众中，男性占比为 51.07%，女性占比为 48.93%，与第七次全国人口普查结果基本一致；[②] 在受访的公共部门工作人员中，男性占比为 52.61%，女性占比为 47.39%，整体而言，受访公众和公共部门工作人员的性别分布较为平衡。年龄方面，受访公众的年龄分布趋向年轻化，集中于 20~29 岁（比例为 43.85%）；受访公共部门工作人员的年龄分布相对趋向中年群体，集中在 30~39 岁和 40~49 岁（比例分别为 28.76%、29.08%）。政治面貌方面，受访公众政治面貌分布较为平均，群众的比例为 39.76%，共青团员的比例为 31.83%，中共党员的比例为 28.28%；在受访公共部门工作人员中，政治面貌为中共党员的占比最高（66.01%）。学历背景方面，大多数公众（50.24%）和公共部门工作人员（62.09%）都是本科学历。另外，在公众篇中，受访者的职业背景类

---

① 回答时间过短是指选择了"听说过政府数据开放"，但全部填写时间小于 60 秒。

② 2021 年 5 月 11 日，第七次全国人口普查结果公布。全国人口中，男性人口为 72334 万人，占 51.24%；女性人口为 68844 万人，占 48.76%。

型多样，其中全日制学生和其他职业人员占比最高，比例分别为 23.49% 和 20.41%。在公共部门篇中，公务员受访者占比 55.23%，其职级主要为科级（占比为 50.59%），事业单位工作人员占比 44.77%，多为专业技术岗位人员（占比为 55.11%）。受访的公共部门工作人员工作年限多集中于 3~10 年（包含 10 年）和 3 年及以下，比例分别为 30.72%、29.41%。

表 5-1　公众篇问卷调查样本构成

单位：人，%

变量		人数	占比
性别	男	863	51.07
	女	827	48.93
年龄	20 岁以下	79	4.67
	20~29 岁	741	43.85
	30~39 岁	400	23.67
	40~49 岁	279	16.51
	50~59 岁	175	10.36
	60 岁及以上	16	0.95
政治面貌	群众	672	39.76
	共青团员	538	31.83
	中共党员	478	28.28
	其他党派人士	2	0.12
学历	小学及以下	21	1.24
	初中	141	8.34
	中专或高中	230	13.61
	大专	234	13.85
	本科	849	50.24
	硕士	186	11.01
	博士	29	1.72
职业	全日制学生	397	23.49
	生产人员	96	5.68
	销售人员	117	6.92
	市场/公关人员	27	1.60

续表

变量		人数	占比
职业	客服人员	21	1.24
	行政/后勤人员	94	5.56
	人力资源	27	1.60
	财务/审计人员	95	5.62
	文职/办事人员	71	4.20
	技术/研发人员	99	5.86
	管理人员	143	8.46
	教师	76	4.50
	顾问/咨询	5	0.30
	专业人士（如会计师、律师、建筑师、医护人员、记者等）	77	4.56
	其他	345	20.41

表 5-2　公共部门篇问卷调查样本构成

单位：人，%

变量		人数	占比
性别	男	322	52.61
	女	290	47.39
年龄	20 岁以下	0	0.00
	20~29 岁	152	24.84
	30~39 岁	176	28.76
	40~49 岁	178	29.08
	50~59 岁	100	16.34
	60 岁及以上	6	0.98
政治面貌	群众	127	20.75
	共青团员	70	11.44
	中共党员	404	66.01
	其他党派人士	11	1.80
学历	小学及以下	0	0.00
	初中	9	1.47

变量		人数	占比
学历	中专或高中	15	2.45
	大专	90	14.71
	本科	380	62.09
	硕士	107	17.48
	博士	11	1.80
公共部门工作人员类别	公务员	338	55.23
	事业单位工作人员	274	44.77
公务员职级	科级以下	94	27.81
	科级	171	50.59
	处级	16	17.46
	处级以上	6	4.14
事业单位工作人员类型	管理岗位	83	30.29
	专业技术岗位	52	55.11
	工勤技能岗位	20	14.60
工作年限	3年及以下	180	29.41
	3~10年（包含10年）	188	30.72
	10~20年（包含20年）	98	16.01
	20~30年（包含30年）	94	15.36
	30年以上	36	5.88
	其他	16	2.61

在访谈方面，课题组运用焦点小组访谈和一对一访谈相结合的方式共访谈了211人。受访者主要来自北京市、山东省、河北省，包括公务员、事业单位工作人员、企业职员等，其中公务员占比最高（70.14%）。在政府数据开放的过程中，公务员既肩负着设计和实施相关政策的角色，也涉及其切身利益。开放的政府数据会反映公务员的绩效，也可能会暴露问题和疏漏，甚至还有可能会泄露隐私。公务员对开放政府数据及其腐败防治作用的态度和看法至关重要，所以访谈对象中包含了较高比例的公务员。此外，北京、山东、河北三省市在我国开放政府数据的发展历程中具有一定代表性。北京市是我国的政治中心以及最重要的经济中心之一，也是国

内最早上线政府数据开放平台的省级行政单位之一。根据复旦大学数字与移动治理实验室发布的《中国地方政府数据开放报告——省域（2021 下半年）》,[①] 山东省自 2018 年上线省级政府数据开放平台以来，大力推进政府数据开放，取得了显著成效，目前已实现省、市级开放政府数据平台全覆盖，在省级开放数林指数排名中名列全国第二，城市数据开放指数也走在全国前列。河北省开放政府数据起步较晚，河北省政府数据开放平台建成于 2021 年，且省内绝大多数地市尚未上线数据开放平台。因此，北京市、山东省、河北省能基本反映我国当前开放政府数据的样貌和态势。

第一节　对开放政府数据内涵的认知

1. 对开放政府数据概念的认知

（1）是否听说过开放政府数据

在被问及"是否听说过开放政府数据"时，如图 5-1 所示，有 57.68% 的公共部门受访者听说过开放政府数据，略高于公众受访者（54.38%）。说明公众对于开放政府数据的认识较欠缺，而公共部门工作人员与公众相比，

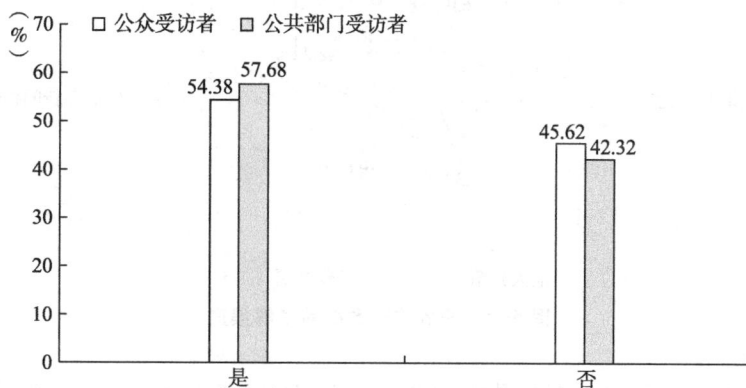

图 5-1　是否听说过开放政府数据

---

① 复旦大学数字与移动治理实验室：《中国地方政府数据开放报告——省域（2021 下半年）》，http://www.ifopendata.cn/static/report/% E4% B8% AD% E5% 9B% BD% E5% 9C% B0%E6%96%B9%E6%94%BF% E5% BA% 9C% E6% 95% B0% E6% 8D% AE% E5% BC% 80% E6%94%BE%E6% 8A% A5% E5% 91% 8A% EF% BC% 88% E7% 9C% 81% E5% 9F% 9F% EF% BC%89. pdf，最后访问日期：2024 年 4 月 15 日。

由于工作过程中会接触更为丰富的政府信息，对政府数据开放有着更高的认知度。

（2）开放政府数据的了解渠道

本研究针对听说过开放政府数据的公众和公共部门工作人员，探究了其了解开放数据的渠道。如图5-2所示，政府门户网站是公众和公共部门工作人员两个群体了解开放政府数据的最主要渠道。这一比例在公共部门工作人员中的占比尤其高，达71.95%，高于公众的57.02%。这说明政府门户网站作为官方权威信息获取渠道，在信息提供上更具权威性和可信度，因此成为公众和公共部门工作人员了解数据开放的信任渠道。一位就职于E省政府的公共部门工作人员在访谈中表示，在阅读政府门户网站上国务院发布的政策文件内容时了解到开放政府数据（访谈编号 E2022005160201LZZ[①]）。

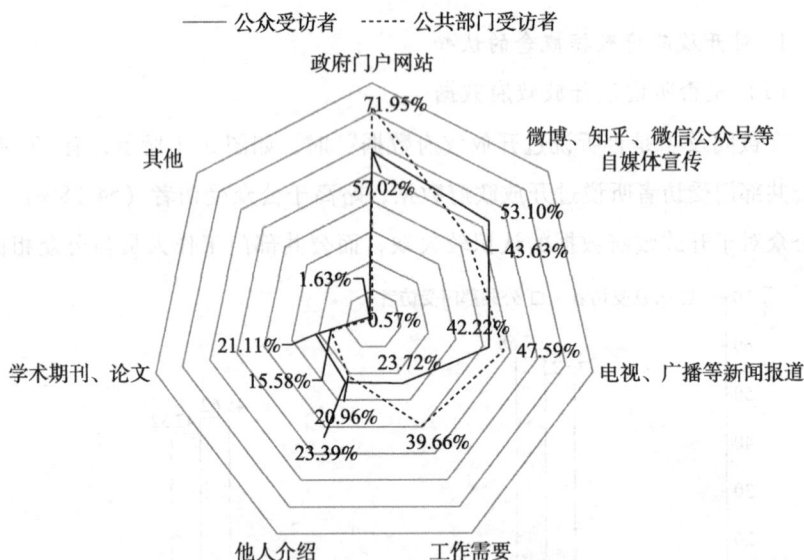

图 5-2　开放政府数据的了解渠道

① 本研究对所涉及的被访人员均做匿名处理，首位字母为省/自治区/直辖市代码，第二到五位数字为访谈年份，第六到八位数字为作答题目（001为"开放政府数据在预防和惩治腐败方面的潜在作用"，002为"发挥防治腐败作用需要开放的数据类型"，003为"开放政府数据面临的潜在障碍"，004为"影响开放政府数据的因素"，005为"是否听说过开放政府数据"，006为"开放政府数据对社会发展的作用"），第九到十位数字为访谈组别（01~15为焦点小组组别，16为一对一深度访谈），第十一到十二位数字为性别（01为男性，02为女性），第十三到十四位数字为工作单位性质（01为公务员，02为事业单位工作人员，03为企业员工），第十五位及以后为访谈对象姓名首字母。

　　自媒体和新闻媒体报道也是公共部门工作人员（43.63%、47.59%）和公众（53.10%，42.22%）了解开放政府数据的重要渠道。随着现代通信技术的普及和发展，微博、知乎、微信公众号等自媒体已成为人们获取信息的重要渠道，而电视、广播等作为传统的信息获取渠道仍对人们的观念和生活存在一定程度的影响。根据 Gwanhoo 等（2012）提出的开放政府成熟度模型，社交媒体在开放政府的初期发展、数据透明、开放参与、开放协作、全面参与等各阶段均发挥着较重要的作用，是政府与公众参与和合作的重要平台。社交媒体是以社交互动为中心的在线工具，根据使用目的可划分为表达型和协作型社交媒体；其中表达型社交媒体通过与他人共享文本、视频、图片表达使用者的想法和观点（Gwanhoo et al.，2012）。在开放政府的开放参与阶段，公众利用表达型社交媒体实现政府与公众间的互动和反馈，增加公众对政府决策的参与。以微博、知乎、微信公众号为代表的表达型社交媒体平台在开放政府的发展过程中是公众了解政府工作，促进政府与公众间互动交流，推动公众参与的重要渠道。

　　此外，通过自身工作了解开放政府数据也是公共部门工作人员的一个重要渠道。约 39.66% 的公共部门工作人员基于工作需要了解数据开放，高于公众占比的 23.72%，这与前文公共部门工作人员与开放政府数据有着更多的接触和更高的了解程度认知相符。由此可见，官方渠道和非官方渠道结合是公众与公共部门工作人员了解获取所需信息的主要渠道。政府部门对开放数据概念和价值的认知对开放政府数据的实施有着重要影响，Mc Dermott（2010）指出形成政府部门内部对开放政府数据内涵、要求以及价值各方面的共同认知对开放政府数据的构建至关重要。如果政府部门工作人员不了解开放政府数据的概念、具体内涵、价值，部门内部会抵触开放政府数据，进而影响开放政府数据的实施（Fan et al.，2017）。尽管部分公众和公共部门工作人员表示听说过开放政府数据，但这属于自我报告数据（self-reported data），他们实际上是否形成了对开放政府数据的正确认知还有待商榷。因此，本研究进一步探究了两个群体对开放政府数据的深入了解程度，如他们在开放政府数据与相似概念的区别、开放政府数据特征等方面的认知。

（3）政府数据开放和政府信息公开的区别

基于上述发现，我们针对公众和公共部门工作人员对开放政府数据的了解情况开展了进一步研究。在听说过开放政府数据的人中，90.53%的公众受访者和90.37%的公共部门受访者均认为政府信息公开与政府数据开放存在区别。为深入分析公众和公共部门工作人员对政府数据开放与政府信息公开的具体区别认知，本次调查问卷设置了区分政府数据开放与政府信息公开的混淆选项（见附录A公众篇第二部分第13题，公共部门篇第二部分第16题）。如图5-3所示，在认为政府数据开放与政府信息公开存在差别的受访者中，仅有23.51%的公共部门工作人员和15.38%的公众能准确地区分两者差别，同时选择了"开放政府数据开放的是一手的、可下载、可重复利用的数据，政府信息公开的大多数是二手的、经过统计或编辑的信息、文本""政府信息公开更注重保护公民的知情权""开放政府数据更注重对数据的利用"选项。说明公众和公共部门工作人员对于开放政府数据内涵的了解程度整体偏低。与公众相比，公共部门工作人员能够正确区分政府数据开放与政府信息公开的比例较高。公共部门工作人员对于开放政府数据概念和价值的认知会影响政府部门开放政府数据指数，不清楚开放政府数据概念或混淆概念的公共部门工作人员会影响开放政府数据的实施（Zuiderwijk et al.，2015）。

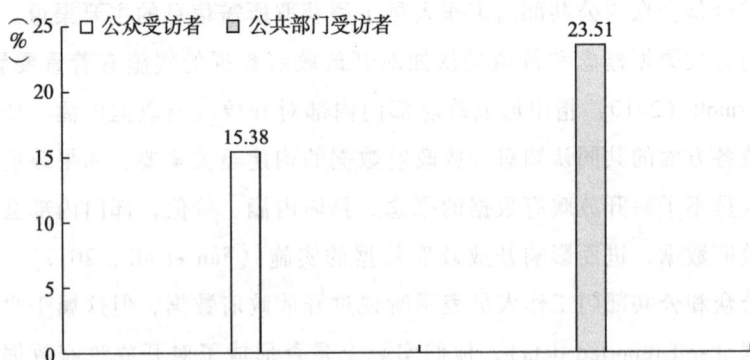

图5-3 能够正确区分政府信息公开与政府数据开放的人数比例

（4）开放政府数据的特征

在开放政府数据应具备的特征方面，如图5-4所示，公众和公共部门的受访者认为开放政府数据应具备的基本特征中，排名前三的为完整性

（公众：73.01%，公共部门：69.41%）、及时性（公众：66.49%，公共部门：77.34%）、一手性（公众：61.59%，公共部门：69.41%）。其中公共部门受访者认为及时性为开放数据的首要特征，公众受访者则表示完整性应为开放数据的首要特征。这说明公共部门工作人员更注重开放数据的时效性特征，公众更为关注数据的完整性，期望开放更丰富的数据，除涉及国家安全、商业机密、个人隐私或其他特别限制之外，所有的政府数据都应开放。在免于授权性方面，公众和公共部门的受访者尚未认识到其重要性。免于授权是指数据不受版权、专利、商标或贸易保密规则的约束或已得到授权使用（除非涉及国家安全、商业机密、个人隐私或特别限制），是开放数据的重要特征，开放政府数据应符合该特征。

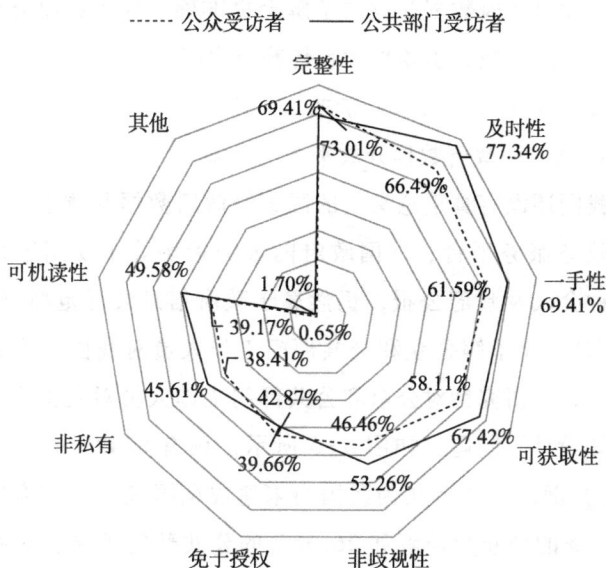

图 5-4　开放政府数据应具备的特征

在选择"其他"的公众受访者中，有一人提到开放政府数据应"公开透明"，在选择"其他"的公共部门受访者中，有两人提到"数据安全性"和"有用性"。这反映了公众和政府看待政府数据开放的不同立场，公众追求数据的公开透明，而政府工作人员更多考虑数据安全保障、隐私泄露问题，以及数据的可用性和有效性等问题。在对 A 省某公务员进行访谈时，他指出：

开放政府数据不要触碰隐私底线。对于一些涉密数据，要实事求是，坚持原则；对于公务人员个人隐私数据，要确保安全。开放政府数据应为脚踏实地、干事创业的干部提供坚强的保护。（访谈编号A2020002080101TYQ）

综上所述，公众和公共部门工作人员对开放政府数据的了解程度均有待增强，开放政府数据尚未实现普及。仅有近半数公众和公共部门的受访者听说过开放政府数据，其中仅有小部分受访者能正确地认知开放政府数据概念。公共部门工作人员对公共事务更熟悉、对开放政府数据有着更频繁的接触，因此对政府数据开放的了解会更准确、深入；而公众对于开放政府数据的认知较欠缺，亟须加大宣传普及力度。

2. 政府数据开放平台的认知情况

（1）对国家统一政府数据开放平台的认知

目前，我国还没有真正意义上的国家级政府数据开放平台，目前开通上线的国家政务服务平台、中国政府网数据板块等主要用于发布政府信息，整合各种会议及政府公报，仍然属于政府信息公开范畴（王林川等，2022）。为了进一步了解公众和公共部门工作人员对我国政府数据开放平台的认知情况，本研究针对公众和公共部门工作人员对我国全国性统一开放平台的认知设计了问题，如图5-5所示，仅有6.42%的公众受访者和11.33%的公共部门受访者认为我国尚未建成全国统一的政府数据开放平台；而55.17%的公众受访者和26.35%的公共部门受访者对我国统一开放平台的建设情况存在认知误区。这说明公众和公共部门工作人员对我国开放政府数据的了解和认识不够全面，但相对而言，公共部门工作人员由于更多地接触政府事务，他们对于开放政府数据的理解更为准确，了解更深入。

（2）公共部门工作人员对所在省市政府数据开放平台的认知

本研究也进一步调查了公共部门工作人员对于其所在省市开放平台建设的认知情况。调查发现，大部分公共部门工作人员对于所在省或市的政府数据开放平台建设情况缺乏了解。如图5-6所示，超过60.00%的公共

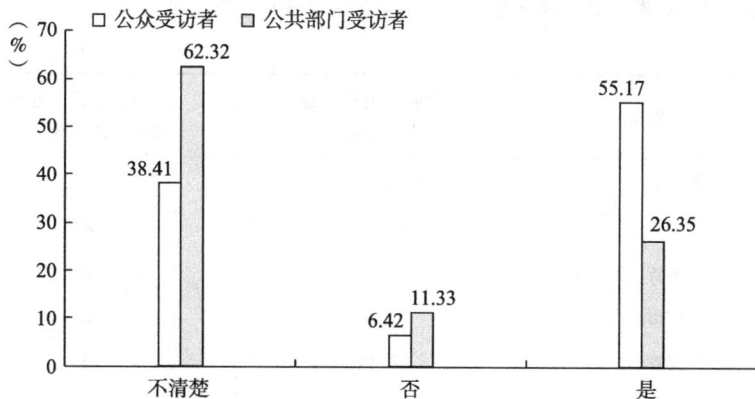

图 5-5　是否有全国统一政府数据开放平台

部门受访者表示不清楚所在省/市是否上线了政府数据开放平台，仅有 28.90%的公共部门受访者表示其所在省份上线了省级政府数据开放平台，25.75%的公共部门受访者表示其所在城市上线了市级政府数据开放平台。

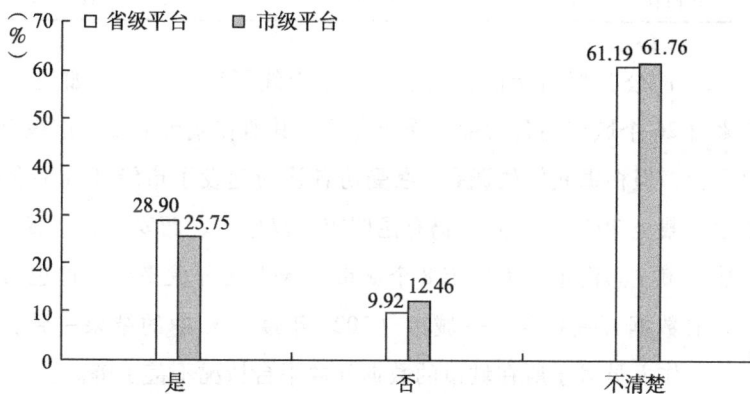

图 5-6　是否上线了省级/市级政府数据开放平台

具体来看，受访者认为已建设了政府数据开放平台的某些省、市其实并未上线平台。如表 5-3 所示，11 个省份均有公共部门受访者认为其所在省上线了省级政府数据开放平台。但根据我们的调查，在这 11 个省份中，云南省、黑龙江省、山西省截至 2022 年 8 月尚未建设省级政府数据开放平台，这也与《中国地方政府数据开放报告——省域（2021 年度）》的结果一致，说明部分公共部门工作人员对当地的政府数据开放平台认知存在偏差。

表 5-3　对省级政府数据开放平台认知与实际开放情况（截至 2022 年 8 月）

单位：%

受访者省份	认为有省级平台的人数占比	是否已建设了省级政府数据开放平台
浙江省	22.09	是
四川省	11.63	是
山东省	10.47	是
北京市	9.3	是
湖南省	8.14	是
陕西省	6.98	是
江西省	5.81	是
江苏省	4.65	是
云南省	13.95	否
黑龙江省	4.65	否
山西省	2.33	否

　　25.75% 的公共部门受访者表示所在市上线了市级平台。如表 5-4 所示，有来自 26 个城市的公共部门受访者认为其所在城市上线了市级政府数据开放平台，但根据我们的调查，在受访者认为建设了市级开放平台的 26 个城市中，截至 2022 年 8 月，仍有昆明市、汉中市、西安市、盐城市、怀化市、榆林市、黑河市、太原市 8 个城市尚未上线开放平台。这也与《中国地方政府数据开放报告——城市（2021 年度）》中的结果一致，说明公共部门工作人员对于所在城市的数据开放平台情况不甚了解。

表 5-4　对市级政府数据开放平台认知与实际开放情况（截至 2022 年 8 月）

单位：%

受访者城市	认为有市级平台的人数占比	是否已建设了市级政府数据开放平台
杭州市	20.00	是
长沙市	7.14	是
宁波市	4.28	是
达州市	4.28	是

续表

受访者城市	认为有市级平台的人数占比	是否已建设了市级政府数据开放平台
菏泽市	4.28	是
扬州市	2.86	是
绵阳市	2.86	是
枣庄市	2.86	是
赣州市	2.86	是
苏州市	1.43	是
哈尔滨市	1.43	是
成都市	1.43	是
淄博市	1.43	是
九江市	1.43	是
凉山彝族自治州	1.43	是
聊城市	1.43	是
鹤岗市	1.43	是
济南市	1.43	是
昆明市	15.71	否
汉中市	5.71	否
西安市	4.28	否
盐城市	2.86	否
怀化市	2.86	否
榆林市	1.43	否
黑河市	1.43	否
太原市	1.43	否

综上所述，公众和公共部门工作人员对于政府数据开放平台都有一定的认知，但缺乏深入的了解，多停留于表面，且使用数据开放平台的频次较低，这可能与我国目前政府数据开放发展现状有关。如前文的文献综述所言，我国目前开放政府数据实践仍处于起步阶段，相关的宣传和政策推广力度较欠缺；我国开放政府数据在大城市已起步发展，各地发展水平不平衡（孙艳艳等，2015）。由于公共部门工作人员会更多地接触政府相关

事务，他们对于开放政府数据的认知和理解优于公众。但是作为政府部门运行系统的关键人员，其相关认识仍需得到进一步提高。

3. 政府数据开放平台的使用情况

在听说过开放政府数据的受访者中，我们进一步询问了他们是否使用过政府数据开放平台。如图 5-7 所示，约有 62.32% 的公共部门受访者使用过政府数据开放平台，而约有 52.12% 的公众受访者使用过政府数据开放平台。公众与公共部门的受访者使用数据开放平台的原因相似。

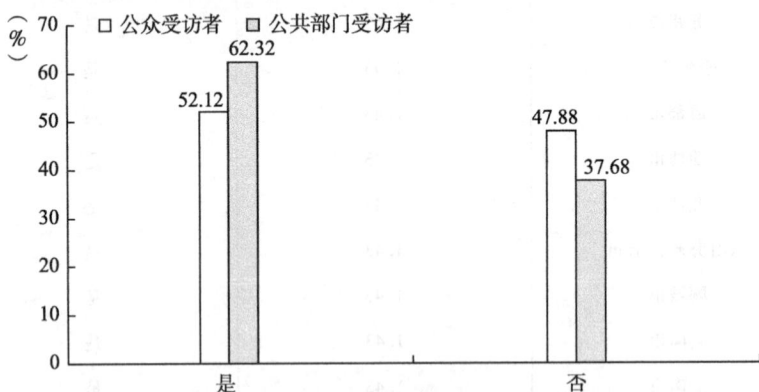

图 5-7　是否使用过政府数据开放平台

（1）公众使用政府数据开放平台的原因

如图 5-8 所示，公众主要出于工作需要使用政府数据开放平台，体现了开放数据在公众工作和生活中的价值，展示了公众对开放数据的需求，在明确开放数据对于公众和社会的利益和重要性后，会强化公众参与开放政府数据活动的动机（Meijer et al.，2018）。该结果在一定程度上印证了开放政府数据的价值和必要性，与 Kassen（2013）的研究结论不谋而合，开放政府数据使得数据在社会内部自由流动、知识向大众自由流动，为公众提供了一个利用开放数据集，创造良好社会效益的平台。37.37% 的公众由于个人兴趣使用开放平台，体现了公众对于政府数据开放这种新兴事物的接受程度较高，也体现了公众对于政府事务较高的关注度和热衷程度。这与 Meijer 等（2018）研究结论相符，公众会出于个人兴趣参与开放数据的行动。如美国的邻里鸟巢观察社会项目，组织了野生动物爱好者和动物科学研究学者等群体参与活动，主要观察社区内部的鸟类变化和巢穴情况。项目成员通过在数据平台上获取当地鸟类的相关数据，并向数据平台反馈组织内部获取的社区内部鸟类数据，促进数据更新，积极参与数据开放工作。

公众较多出于科研和比赛需要而使用政府数据开放平台的原因可能与公众受访者中23.49%的全日制学生占比相关，说明开放政府数据对科学研究有重要推动作用。这也与Worthy（2015）的研究结论一致，开放数据能促进专家、学者开展研究，深入全面地分析政策制定的基础依据、合理性，提出更科学、可行的政策建议。

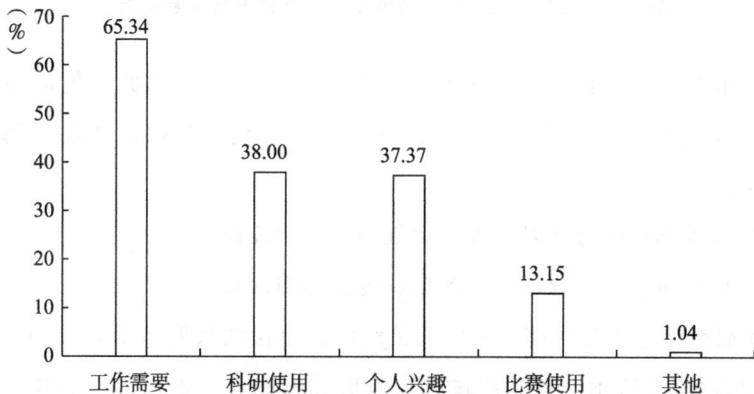

图5-8 公众使用政府数据开放平台的原因

（2）公共部门工作人员使用政府数据开放平台的原因

在公共部门工作人员中，如图5-9所示，绝大多数（74.55%）出于工作需要使用政府数据开放平台。这与前文的公共部门受访者对开放数据了解程度较深入和了解渠道较多是源于公共部门受访者工作需要的观点相符。部分公共部门受访者出于科研使用、个人兴趣、比赛使用等原因使用政府数据开放平台，说明部分公共部门工作人员认识到了开放数据的价值和未来发展的可能性。

综上所述，公共部门工作人员相较于公众会出于工作原因更多地使用政府数据开放平台。两个群体使用政府数据开放平台的原因差异是由两者的角色差异而决定的，政府部门在开放政府数据过程中是数据提供者，以公务员为代表的公共部门工作人员是政府数据开放工作的实施主体（朱春奎等，2021）。相较而言，公共部门工作人员比普通公众能够更直

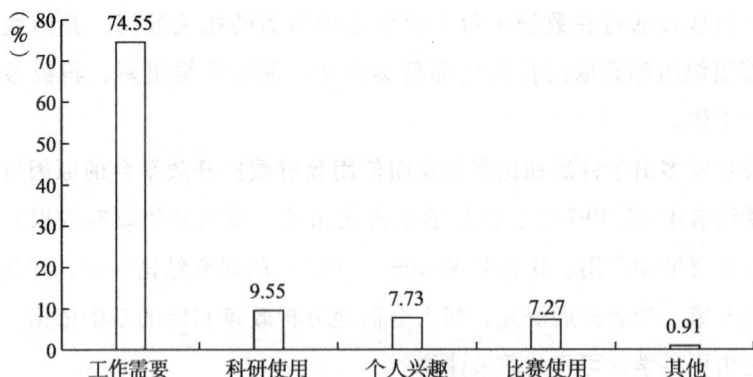

图 5-9　公共部门工作人员使用政府数据开放平台的原因

接地接触开放政府数据的统筹规划和贯彻落实工作。因此，他们往往比公众更多地出于工作需要，在数据开放平台上获取数据，并运用到实际工作中。

4. 公共部门受访者对所在单位数据开放情况的认知

（1）对所在单位开放政府数据宣传活动的认知

本研究调查了公共部门工作人员对所在单位的政府数据开放的了解情况。如图 5-10 所示，在听说过开放政府数据的公共部门受访者中，超半数受访者表示其所在单位没有开展过数据开放宣传活动，23.80% 的公共部门受访者表示虽然没有开展过数据开放宣传活动但自己学习过相关知识，仅有 26.63% 的受访者表示其所在单位开展过且参加了相关宣传活动。

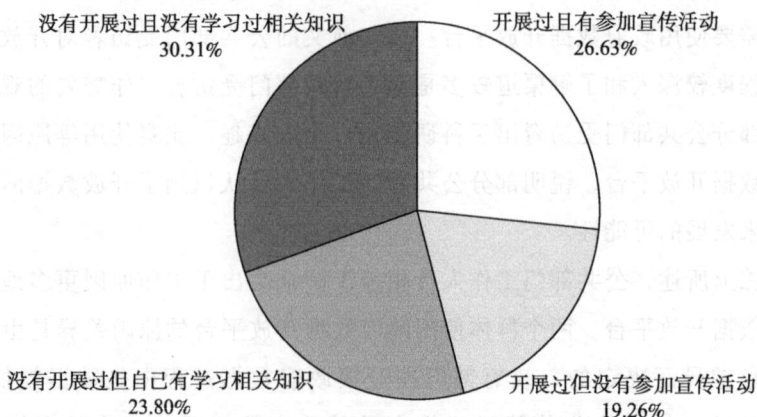

图 5-10　所在单位是否开展过开放政府数据宣传活动

（2）对所在单位开放政府数据的培训活动的认知

如图 5-11 所示，超半数（57.51%）的公共部门受访者指出其所在单位没有开展过开放数据培训活动，其中 25.78% 的公共部门受访者表示单位虽然没有开展过培训但自己学习过相关知识，说明部门的数据开放工作开展不到位，无法满足部分工作人员的需求。仅有 21.53% 的公共部门受访者表示其所在单位开展过相关培训且参加了培训活动；有 20.96% 的受访者表示虽然其所在单位开展了开放数据的培训活动，但并没有参加过相关活动，这可能是政府部门相配套的规章制度不够健全，各单位对培训的重视程度不足，尚未激发部门工作人员参与培训活动的热情和积极性。

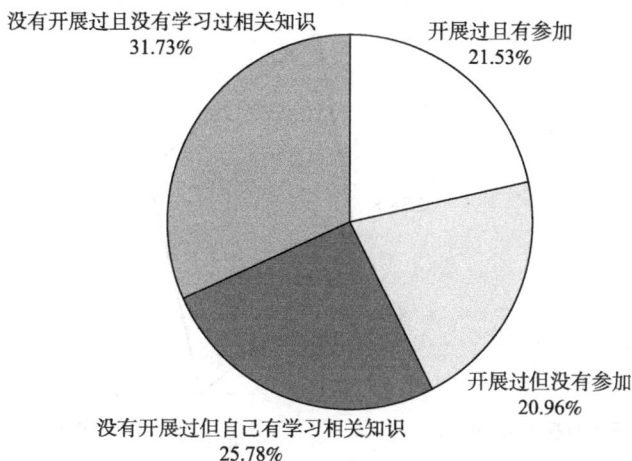

图 5-11　所在单位是否开展过有关开放政府数据的培训

由此可见，目前各地单位部门开展开放数据相关宣传和培训活动较欠缺，尚未激起公共部门工作人员参与开放政府数据活动的热情和积极性，无法满足公共部门工作人员对政府数据开放的学习和工作需求，各单位对政府数据开放的关注度和重视度不足。

（3）单位领导对开放政府数据的重视程度认知

基于上述发现，本研究进一步针对单位领导对开放政府数据的重视程度开展研究。世界银行指出，政府数据开放是一项系统工程，领导的数据开放认知对于帮助组织克服惰性、激励创新变革、实现政府数据开放平台的预期目标和效益至关重要。重点突出的、强劲的、可持续的高层领导安排对于克服阻力、激励行动者采取有效措施、实现开放数据的目标和潜在价值有极其重要的意义，高层领导的参与在项目的成功实施中扮演了重要角色（Meijer，2018）。如图 5-12 所示，30.03% 的公共部门受访者认为所在单位领导对政府数据开放工作重视程度一般，27.20% 的公共部门受访者表示领导对政府数据开放工作比较重视，28.90% 的公共部门受访者表示单位领导非常重视，有 5.38% 的公共部门受访者表示其所在单位的领导对政府数据开放完全不重视。这说明单位领导对于政府数据开放的重视程度有待加强，需要提升单位领导对政府数据开放的认知和重视程度。

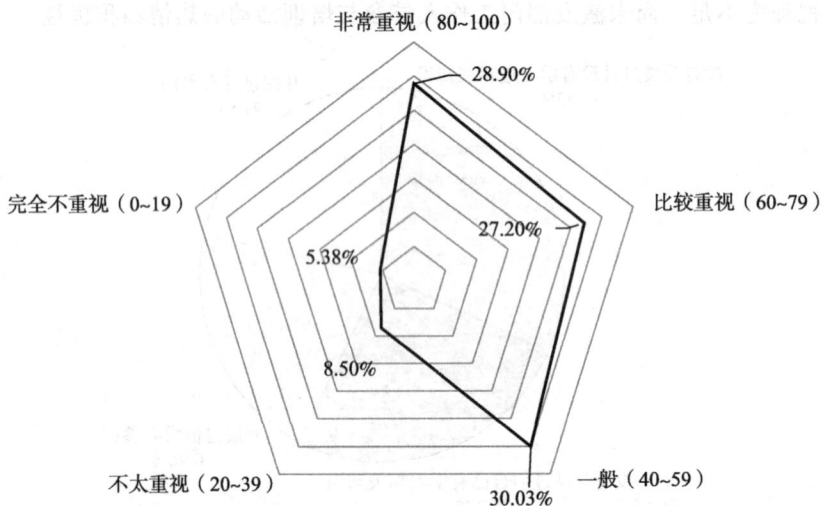

图 5-12 公共部门受访者认为其所在单位领导对政府数据开放工作的重视程度

而在数据开放发展进程中，相较于外部环境，领导驱动、组织能力等来自组织内部的影响往往起决定性作用（雷玉琼、苏艳红，2020）。领导驱动能有效推动数据开放，体现了领导重视在推动数据开放实践中的重要作用。组织机构重视不足的原因可能来自以下几个方面。

第一，开放意愿不足。开放数据的免费提供无法支付数据生产和维护成本，导致政府开展数据开放活动的意愿较欠缺（胡业飞等，2109）。朱春奎等（2022）根据感知收益-感知风险分析模型提出，公务员推动开放政府数据的风险和不确定性感知会阻碍公务员推动开放政府数据的意愿与行为。公共组织可能会为不暴露其行政活动而趋向于以消极态度面对开放政府数据活动（Kornberger et al.，2017）。

第二，开放能力欠缺。政府人员配备、政府行政和数据技术能力等均属于影响各地开放政府数据程度的重要因素（刘淑妍等，2021）。研究表明，规模较大的政府机构和拥有更多技术和财政资源的机构更可能开展开放政府数据实践（Feeney et al.，2020）。技术和财政资源使公共组织能帮助解决数据开放的隐私保障等问题，而如果政府机构的技术和数据能力较欠缺，开放政府数据实践往往较欠缺（Fusi et al.，2020）。

第三，组织文化影响。政府部门组织文化相对保守，政府机构对可能会招致公众批评或涉及部门利益的数据在开放时很谨慎，可能会趋向于采取"防御型文化"（Meijer，2018）。考虑到开放政府数据可能带来权力流失、隐私泄露等潜在风险，加之受到保守的组织文化影响，公共部门工作人员可能会抱着"多做多错、少做少错、不做不错"的避责动机，消极应对政府数据开放工作，不利于开放政府数据的发展（Zhang et al.，2019）。

第四，环境因素影响。制度规章、府际竞争压力、外部需求压力等方面均会影响开放政府数据活动（Wang et al.，2020）。作为组织变革的外部力量，制度影响应被视为影响开放政府数据活动的关键因素（Yang et al.，2016）。当组织面对不确定情形时，其余高绩效或合法性组织的行为会影响组织内部的行动（Barreto et al.，2006）。部分研究指出，来自上级部门的重视和社会大众期待的外部压力会影响政府机构实施开放政府数据（Wang et al.，2016）。

（4）对所在单位数据开放情况的认知

如图5-13所示，23.23%的公共部门受访者表示不清楚其所在单位数据开放情况，37.39%的公共部门受访者认为其所在单位未进行数据开放工作，仅有22.66%的公共部门受访者认为其所在单位已开放数据且定期更新。这说明较多的公共部门工作人员对于单位内部的数据开放工作情况了解较欠缺，单位内部对于数据开放工作的普及程度不足。公共部门受访者职级大多为科级及以下，说明基层公务员对其所在单位开放数据情况不甚了解。就公共部门工作人员的认知而言，各单位政府数据开放情况有待加强。

（5）对所在省市是否出台数据开放相关政策的认知

大部分公共部门受访者（80.74%）表示不清楚其所在省或市是否出台了相关政策，仅有8.78%的受访者表示出台了相关政策，但也无法说出

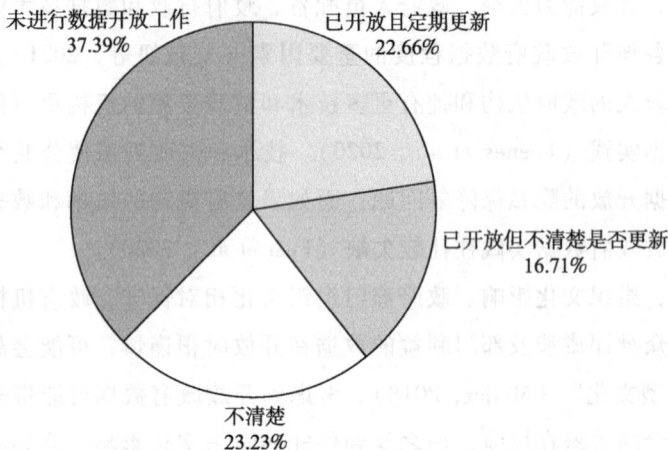

图 5-13 公共部门受访者对其所在单位数据开放情况的认知

政策主要内容或者政策名称。在认为所在省市出台了相关政策的 31 位受访者中，仅有 7 人能明确说出当地出台数据开放政策内容，有 2 人提出出台的数据开放政策为预算相关政策，有 2 人提出出台的数据开放政策为智慧城市建设项目，有 2 人提出当地出台了农业数据开放政策，仅有 1 位来自山东的受访者明确指出了政策名称，即《山东政务数据管理办法》。如表 5-5 所示，我国目前有 3 个省、3 个直辖市、1 个自治区以及 8 个地级市出台了针对政府数据开放的政策法规，其中包括本研究调研访谈的山东、浙江等省份。但当地公共部门工作人员对开放政府数据政策的认知较欠缺，不清楚当地是否出台了相关政策，无法明确说出当地政策内容或政策名称。

表 5-5 各省市政府数据开放相关政策汇总表（按政策发布时间排列）

政策层级	政策名称	发布机构	发布时间	政策主要内容
省级政策	《上海市公共数据开放暂行办法》	上海市人民政府办公厅	2019 年 8 月	制定了数据开放机制，平台建设标准，数据利用工作，数据开放工作保障机制等，推进多元开放
	《浙江省公共数据开放与安全管理暂行办法》	浙江省人民政府办公厅	2020 年 6 月	明确各公共数据的开放类型，制定数据获取利用流程，建立数据管理制度

续表

政策层级	政策名称	发布机构	发布时间	政策主要内容
省级政策	《天津市公共数据资源开放管理暂行办法》	天津市互联网信息办公室	2020年7月	规定了公共数据开放机制、开放平台、数据的开发利用以及数据的监督保障
	《广西公共数据开放管理办法》	广西壮族自治区大数据发展局	2020年8月	明确开放数据组织分工，完善开放平台管理，制定数据管理保障机制，鼓励数据利用
	《重庆市公共数据开放管理暂行办法》	重庆市人民政府办公厅	2020年9月	制定数据资源目录，明确开放系统，制定数据开放与安全管理机制，推进多元开放
	《贵州省政府数据共享开放条例》	贵州省人民代表大会常务委员会	2020年9月	明确政府数据开放类型，数据开放范围，开放流程；制定数据开放的监督管理机制
	《山东省公共数据开放办法》	山东省人民政府	2022年1月	明确数据开放方式、优先开放类型，鼓励开放数据利用，制定开放数据保障管理机制
地市级政策	《福州市公共数据开放管理暂行办法》	福州市人民政府办公厅	2019年11月	制定数据开放体系，数据使用流程，开放工作的安全监督机制，促进多元开放
	《连云港市公共数据开放与利用管理暂行办法》	连云港市人民政府办公厅	2019年11月	明确数据分类开放标准，开放清单，开放平台建设，数据利用流程，开放工作监督保障等
	《天津市公共数据资源开放管理暂行办法》	天津市互联网信息办公室	2020年7月	明确公共数据资源开放标准、开放组织和监督管理保障，建设开放平台，规定开放数据利用要求
	《哈尔滨市公共数据开放管理暂行办法》	哈尔滨市人民政府办公厅	2020年8月	规范了公共数据开放的定义和原则，建设开放统一平台，推行数据质量管理
	《青岛市公共数据开放管理办法》	青岛市人民政府办公厅	2020年9月	明确了数据开放相关主体与开放领域，制定了数据安全管理机制，推进数据开发利用
	《烟台市公共数据开放管理办法》	数字烟台建设专项小组办公室	2020年11月	明确数据开放方式，编制开放数据目录，规定了数据质量，推动数据利用
	《南宁市公共数据开放管理办法》	南宁市大数据发展局	2020年12月	明确开放数据工作的职责分工和组织保障，制定开放平台管理机制，制定数据安全、质量、利用等流程规定

续表

政策 层级	政策名称	发布机构	发布时间	政策主要内容
地市级 政策	《德阳市公共数据开放 管理暂行办法》	德阳市人民政府 办公室	2021 年 7 月	明确开放平台管理机制，制定 数据开放规范，推进多元开放， 建立数据开放保障机制

综上所述，公共部门工作人员对其所在单位的开放政府数据情况了解较少，对数据开放的关注度和重视程度有待加强。相关部门需提高公共部门工作人员对开放政府数据的认知，加强开放政府数据宣传工作。

第二节　对开放政府数据作用的认知

此次调查中，绝大多数受访者都认为开放政府数据对社会发展有作用。如图 5-14 所示，在公众受访者中，有 96.15% 的人认为开放政府数据对社会发展有作用，仅有 3.85% 的人认为开放政府数据对社会发展没有作用，这说明开放政府数据对社会发展的推动作用在普通公众中得到了较为广泛的认可。在公共部门受访者中，有 96.08% 的人认为开放数据对社会发展有作用，仅有 3.92% 的人认为不起作用。对比以上数据可以发现，开放政府数据对社会发展的作用在公众和公共部门工作人员中都有很高的认可度，这可能与近年来各级政府正不断建设数据开放平台有关，数据开放的理念被越来越多的社会大众接受，越来越多的公共部门工作人员也开始运用数据开放平台。根据 2021 年下半年最新版《中国地方政府数据开放报告》（城市），我国地级及以上政府数据开放平台的数量，已经从 2017年的 20 个增加到了 2021 年下半年的 193 个，51.33% 的城市（包括直辖市、副省级与地级行政区）已经上线了政府数据开放平台。① 这些数据表明，我国地方各级政府越来越重视数据开放平台建设，公众与公共部门工

---

① 复旦大学数字与移动治理实验室：《中国地方政府数据开放报告——城市（2021 下半年）》，http://www.ifopendata.cn/static/report/%E4%B8%AD%E5%9B%BD%E5%9C%B0%E6%96%B9%E6%94%BF%E5%BA%9C%E6%95%B0%E6%8D%AE%E5%BC%80%E6%94%BE%E6%8A%A5%E5%91%8A%EF%BC%88%E5%9F%8E%E5%B8%82%EF%BC%89.pdf，最后访问日期：2024 年 4 月 15 日。

作人员对开放政府数据的了解进一步加深，这也是开放政府数据在公众和公共部门工作人员中认可度较高的原因。

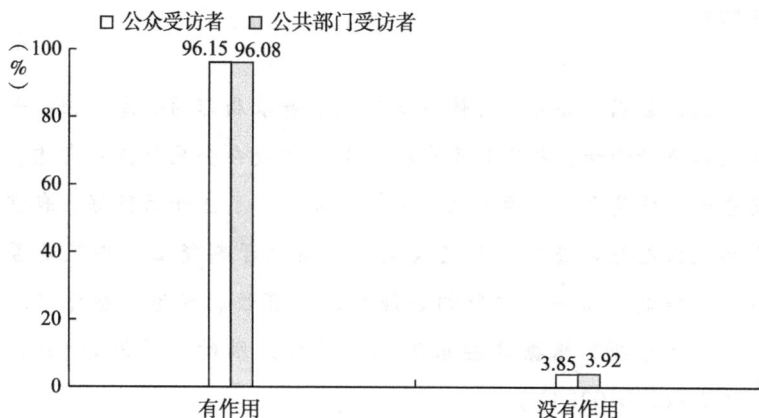

图 5-14　开放政府数据对社会发展是否有作用

　　具体来看，如图 5-15 所示，在认同开放政府数据对社会发展有作用的人群中，开放政府数据提高政府透明度和责任感的作用最受认同，90.65%的公众受访者和 88.07%的公共部门受访者认为政府数据开放对社会发展的作用首先体现在能够提高政府透明度和责任感。65.44%的公众受访者和 56.37%的公共部门受访者认为开放政府数据能够促进创新创业和经济发展。66.69%的公众受访者和 47.06%的公共部门受访者认可开放政府数据促进公众参与的作用。

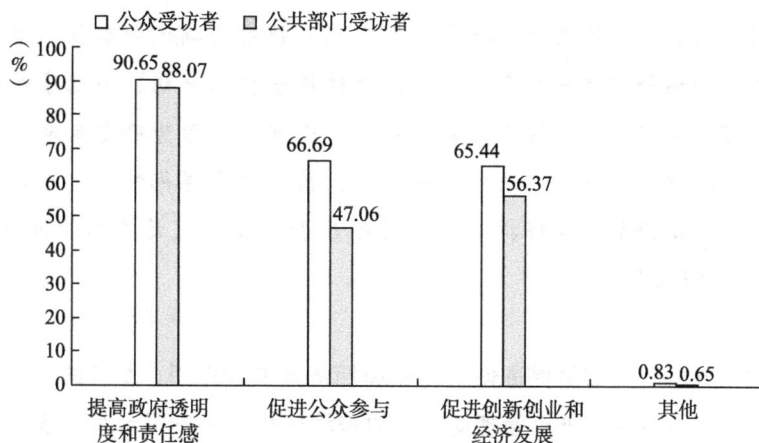

图 5-15　开放政府数据最可能发挥的作用

关于开放政府数据提高政府透明度和责任感的作用，一位 E 省事业单位管理人员在访谈时提及有了政府数据开放能够让他有更宽广的视野。他进一步解释：

> 原来数据不公开的时候我就只能了解很局部的信息，但是如果有了数据公开的话，就有利于我把局部工作放在全局范围内考虑，思考更全面，格局更大。原来只为局部思考，有了公开的数据，我就知道如何做出更符合整体利益的决定。还有利于判断上级决策是否科学合理，提高基层决策执行的合理性、连贯性。因为基层可以看到上级的决策依据，根据这些东西就能延续上级的政策思想（访谈编号 E2022006160102CTY）。

这表明开放政府数据在一定程度上提高了决策依据的透明度，帮助政策制定者在对政策制定的基础依据、合理性、后果等方面做出全面、深入的分析和判断后，提出更为科学、可行的政策建议（谭海波等，2016）。A省某位公务员结合此次新冠疫情，认为开放政府数据通过提高数据开放的透明度，为疫情防控做出了贡献。

> 在新冠疫情期间，社会公众可以根据政府每日公开的病例数据了解疫情发展情况，这些数据也能够反映出本地区疫情防控工作的成效。各级政府汇总每日确诊病例和无症状感染病例的数据，通过电视、网络等媒体向社会公布，民众通过手机客户端、小程序等形式即可查询当天本地区有无新增病例，根据防疫形势确定未来的生活安排，满足了社会公众对于疫情防控情况的多样化需求，综合体现出开放政府数据能够提高政府透明度和公信力（访谈编号 A2022006160101ZHW）。

关于开放政府数据促进创新创业和经济发展的作用，A 省的一位公共部门工作人员以国家外汇管理局推出的跨境区块链融资平台为例表明开放政府数据可以营造良好的市场发展环境：

通过政府数据的开放，各类银行借助企业提供的报关单数据进行贷款的审批、发放，实现对外贸企业的资金支持，同时区块链技术的应用能够帮助银行审核企业的报关单是否在其他银行已办理贷款，降低重复贷款的风险，进而有助于提升商品与服务质量，提升经济发展质量（访谈编号 A2021006110202CY）。

A 省某市公务员 Z 在访谈中也提到：

开放政府数据是有作用的，能够将政府工作流程公开，尤其有利于体制外经商者了解政府运作过程（访谈编号 A2020001160201ZHQ）。

这表明市场参与者如果能够详细清楚地了解政府工作流程，将会有利于其在当地开展投资开发经营活动，从而带动地方经济发展。

关于开放政府数据促进公众参与的作用，A 省公共部门工作人员谈道：

将环保部门开放的企业污染排放数据、海关部门开放的进出口数据、外汇管理部门开放的外贸收支数据、税务部门的税收数据等结合起来，分析对比，可以推动社会公众监督企业的经营状况和能耗污染情况，推动企业向低能耗、低污染转型发展（访谈编号 A2021006110202CY）。

这表明开放政府数据为公众掌握经济运行情况、参与监督企业行为提供了渠道。开放政府保有的企业环保相关数据，可以吸引社会各界人士参与到企业监督等公共事务治理中（谭海波等，2016）。国外学者 Kassen（2013）也提出，开放政府数据为公众提供通过免费数据集来创建应用程序的机会，为积极的公众参与创造良好的环境，可以在提升政府透明度和责任感的基础上促进民主进程。例如，芝加哥游说家项目是由独立开发人员和设计师基于城市数据门户所公开的数据设计而成的，该项目可以被当地居民和记者当作研究工具，以了解游说在城市发展中的作用，并评估企业商业结构对当地决策政治的影响。

第三节　对开放政府数据防治腐败作用的看法

在此次调查中，绝大部分受访者认为开放政府数据对腐败防治有作用。如图 5-16 所示，从数据来看，93.02% 的公众受访者和 94.93% 的公共部门受访者认为开放政府数据对防治腐败有作用，公共部门受访者的比例略高于公众受访者。这可能与公共部门工作人员长期所处环境有关，公共部门工作人员有更多的机会使用政府数据开放平台，同时在当前反腐败力度加大的形势下，公共部门工作人员相较于公众，有较多机会参与公共部门腐败案件的查处，因此对于腐败产生的原因和防治腐败的措施更加了解。

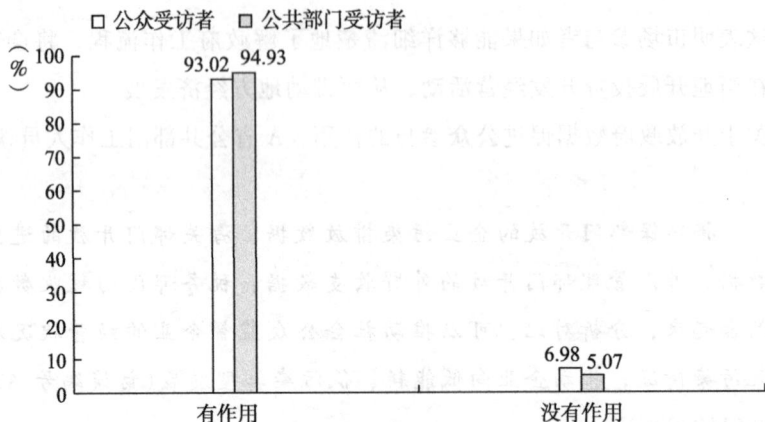

图 5-16　受访者认为开放政府数据对防治腐败是否有作用

在被问及"开放政府数据对防治腐败最可能发挥的作用"时，如图 5-17 所示，在认同开放政府数据能够对腐败防治起作用的人群中，83.31% 的公众受访者和 76.47% 的公共部门受访者都认为开放政府数据对腐败防治最可能起到的作用是提高公共部门透明度，增加腐败成本，抑制人的腐败动机和行为。访谈中，一位来自基层纪检监察组织的公务员讲述了自己在工作中遇到的真实事件：

在乡镇纪检监察工作中，由于技术、制度上的因素，无法对农村事务、财务和土地征收使用等情况做出详尽的数据记录，部分村干部趁机利用手中职权，侵吞集体资产。作为纪检监察干部，我们时常会收到村民的举报信，对村干部的违纪贪污行为予以揭发，但由于原始记录的残缺，往往难以取证，这使得许多违纪的干部成为漏网之鱼（访谈编号 A2020002050101QJT）。

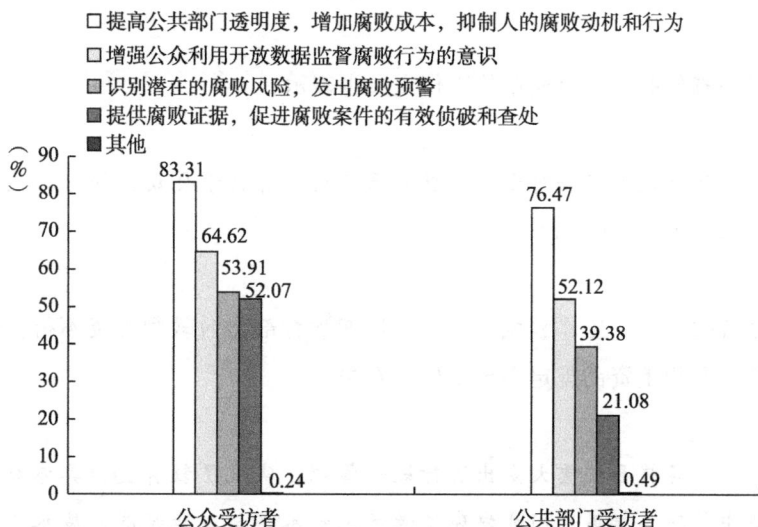

图 5-17　受访者认为开放政府数据对防治腐败最可能发挥的作用

由此可见，重视财务、土地等原始数据在基层治理中的记录并对公众及时开放，可以提高公共部门透明度，并在一定程度上抑制村干部的腐败动机。对此，国外学者 Lindsted 和 Naurin（2010）通过研究表明，透明度和问责制是开放数据政策的两个预期成果，透明度是反腐败的重要工具。同时国外学者 Mária（2020）基于跨国数据发现，与可获取开放数据有限的国家相比，可获得更多开放数据的国家的腐败水平更低，这说明提高公共部门透明度有助于防治腐败。此外，以巴西透明门户（Brazil's Transparency Portal）为例，平台的宗旨便是提高管理的透明度，使公众能够跟踪并监测公共资金的使用情况。其作为公众用于监督巴西联邦政府项目财政执行情况的渠道，公众无需用户名和密码，便可以在网站上以开放数据的形式获得想要了解的政府财务数据。公众可以随时随地从网站获得公共资金使用数据，这在一定程度上起到了抑制巴西联邦政府官员腐败动机的作用。

此外，64.62%的公众受访者和52.12%的公共部门受访者认为开放政府数据可以增强公众利用开放政府数据监督腐败行为的意识。

在访谈中，M省受访公众表示：

> 通过开放政府数据，公众可以对官员的行为进行监督、举报，这些数据公开透明了，官员也就不敢贪腐（访谈编号 M2022001160203ZJ）。

另一省份的一位事业单位工作人员也表示：

> 开放政府数据对于防治腐败很有用，有利于公众监督（访谈编号E2022001160102CTY）。

结合他自身的工作领域，他还对近期教育部出台教师工资不得低于当地公务员平均工资的规定提出了他的看法：

> 正是将县域重大支出进行统一管理，实现了教育支出具体数据的集中管理，相关部门才发现了教师工资水平与当地经济发展水平不一致的问题，从而做出了教师工资不得低于当地公务员平均工资的规定（访谈编号 E2022001160102CTY）。

由此来看，开放政府数据能够发挥一定的监督作用。国外学者 Worthy（2015）对英国地方政府在线公开所有超过 500 英镑支出的行动进行研究，发现地方政府作为与公众互动最多的一级政府，通过在线公开政府支出数据的行为激发了民众审计师的潜在角色，推动了问责制的实施，促进了民众监督腐败的意识，从而通过开放数据发现腐败行为。

此外，在认同开放政府数据能够对腐败防治起作用的人群中，53.91%的公众受访者和39.38%的公共部门受访者认为开放政府数据能够识别潜在的腐败风险，发出腐败预警，从而防治腐败；52.07%的公众受访者和21.08%的公共部门受访者认为开放政府数据能够提供腐败证据，促进腐败案件的有效侦破和查处。如前所述，透明国际斯洛伐克分会通过分析过去五年斯洛伐克医院采购 CT 扫描仪的情况，发现了同型号机器的购买价格差别较大，并且三分之二的采购合同是由同一家公司中标的。他们进一步将公共采购和商业登记数据集联结比对分析后，发现了用于支付餐饮合同的公共基金，被投标者相互串通骗取中标，同时竞标成功的价格还远高于市场平均价格。这些腐败丑闻公布后，斯洛伐克医疗卫生领域发生了重大人事变动，三名医院院长被解雇，该国卫生部总幕僚长辞职。透明国际斯洛伐克分会正是通过对开放政府数据网站中医疗领域的合同数据和相关公共采购和商业登记数据集的分析，发现了医疗领域的腐败苗头，进而揭露了腐败现象。

访谈中多位公众和公共部门工作人员表示认可开放政府数据能够提供腐败证据，促进腐败案件的有效侦破，但同时又表示不清楚具体如何应用，或是工作中尚未使用到开放政府数据。所以公众和公共部门工作人员对开放政府数据能够提供腐败证据从而促进案件的侦破和查处的作用感知仍然停留在理论认识阶段，现实场景中接触较少，导致了对这一作用的认同比例较低。

第四节　如何通过开放政府数据防治腐败

1. 公众对开放政府数据相关信息了解渠道的偏好

如图 5-18 所示，在信息了解渠道方面，公众受访者最希望通过"政府数据开放网站"了解开放政府数据的相关信息（40.71%），这是因为政府数据开放网站由政府官方设立，数据具有权威性，这也反映了公众对政府官方权威的认可；同时，也有较多的公众受访者选择"微博、知乎、微信公众号"等新媒体渠道（29.88%），这可能是因为互联网技术日益发达，与传统媒体渠道相比，此类新媒体平台在人们现今日常生活中的使用频率更高，能够更加方便、快捷地获取信息，反映出公众在了解开放政府数据相关信息时，对便捷性和易获取性的追求。一位受访者结合当地实际和个人的工作经验，列举了一个通过微信平台获取开放政府数据相关信息的事例：

之前乡村两级通过村公示栏公开低保、五保、扶贫等政策落实情况，**村集体的三资管理明细情况**，村两委的重大决议决策开展情况……这种方式会出现以下问题：①在家的群众不能及时看到公示内容，也不能经常性地去看内容是否更新；②在外务工的群众没有途径可以了解到村集体的公示情况；③村干部可以掌握公示栏需要公示的内容有哪些，可能存在徇私舞弊的风险。我县**通过微信公众平台**，将全县所有乡村的工作情况展示出来，群众可以通过手机随时随地查询自己所在乡村工作的开展情况，增加了公示的透明度，**增加了公示的时效性**，同时**群众还可以针对其发现的问题进行举报**，这就很好地建立起了"官民"之间的桥梁（访谈编号 D2020002070201HY）。

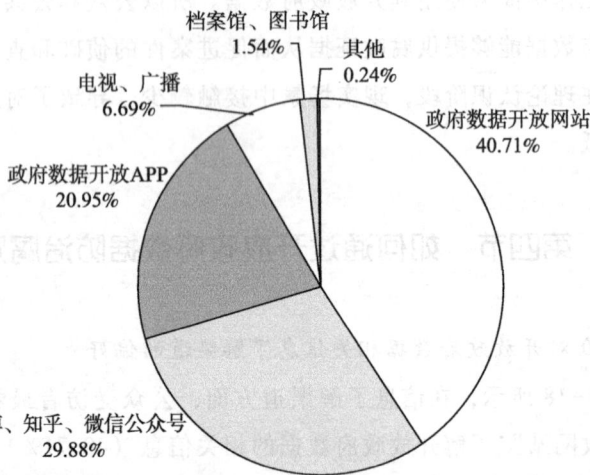

图 5-18　公众受访者对开放政府数据相关信息了解渠道的偏好情况

2. 公众对政府开放数据"一手性"的信任情况

如图 5-19 所示，对于"政府开放的数据是否为未经处理的一手数据"这一问题，有 62.37% 的公众受访者选择"相信"。值得注意的是，虽然大部分公众认可政府开放数据网站的权威性，但是仍有 37.63% 的公众受访者选择"不相信"。结合问卷统计和访谈结果来看，"不相信"政府开放的数据是未经处理的一手数据的比例较大，这在一定程度上可能会影响公众对政府开放数据的使用，进而对推进公众使用开放政府数据参与防治腐败工作产生阻碍。

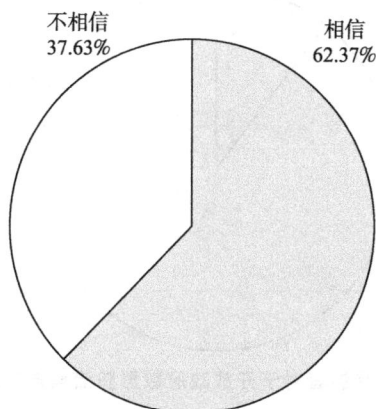

图5-19　公众受访者对政府开放数据"一手性"的信任情况

3. 公众参与开放政府数据防治腐败工作的意愿与能力

对于通过开放政府数据防治腐败工作的参与意愿，如图5-20所示，89.41%的公众受访者表示，"愿意"参与通过开放政府数据防治腐败工作，远高于"不愿意"（10.59%）的比例，说明公众对开放政府数据防治腐败工作的参与意愿强。这在一定程度上反映出，公众作为监督政府行为、参与反腐工作的重要社会力量，现阶段已经认识到自身拥有监督权，并且愿意参与到监督政府和反腐败的工作中。王秀梅等（2021）指出，公众已经成为反腐的生力军，"人民群众离基层最近，既是腐败行为的受害者，又是反腐败最为可靠的力量，动员群众力量能够及时发现发生在群众身边、直接侵害群众利益的腐败"。

如图5-21所示，在参与方式方面，公众受访者最希望以"自主选择是否匿名"的方式参与通过开放政府数据防治腐败的工作，比例为60.24%；"实名制"的比例为23.85%，"匿名制"的比例为15.92%。由此可见，在对参与反腐工作中的隐私保护方面，公众在面对不同类型的反腐案件时，表现出希望自主平衡保护个人隐私与确保反腐案件查处的意愿。

虽然公众参与通过开放政府数据防治腐败工作的意愿强，但是从问卷的统计结果来看，目前我国公众有效使用政府开放数据的能力有所欠缺。如图5-22所示，在数据分析软件使用方面，"暂不会使用"SPSS、STA-

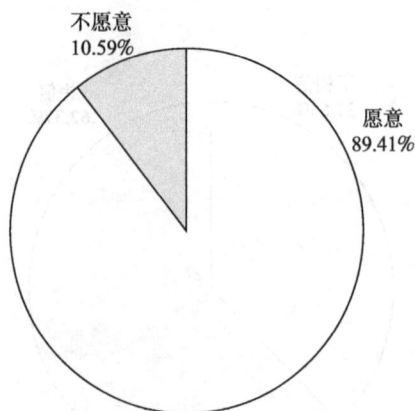

图 5-20　公众受访者对于开放政府数据防治腐败工作的参与意愿

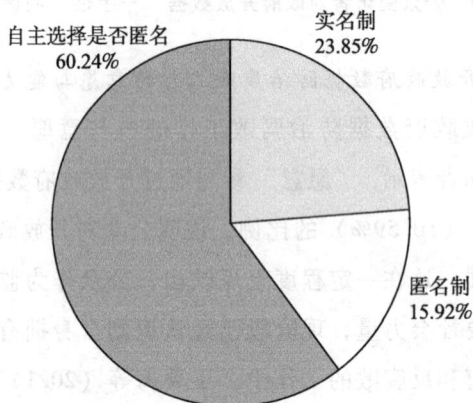

图 5-21　公众受访者对于开放政府数据防治腐败工作的参与方式

TA、R 等软件的公众受访者占比为 45.44%，"比较不熟练"的占比为 25.82%。二者比例之和（71.26%）高于"非常熟练"和"比较熟练"的比例之和（28.74%）。由此可知，公众受访者对数据分析软件的熟练程度低，其运用统计方法分析获取数据的能力有限。

如图 5-23 所示，在数据抓取方面，"暂不会使用"Python、JAVA 等语言编程的公众受访者占比为 58.34%，"比较不熟练"的占比为 21.89%，二者比例之和（80.23%）远高于"比较熟练"和"非常熟练"的比例之和（19.76%）。由此可知，公众受访者通过编写程序抓取开放数据的个人能力有限。

非常熟练
6.81%

暂不会使用
45.44%

比较熟练
21.93%

比较不熟练
25.82%

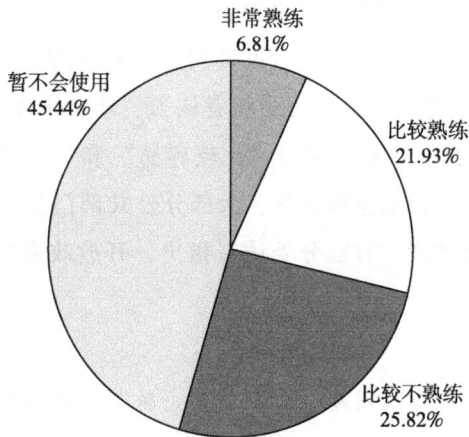

图 5-22 公众受访者运用统计方法分析获取数据的能力情况

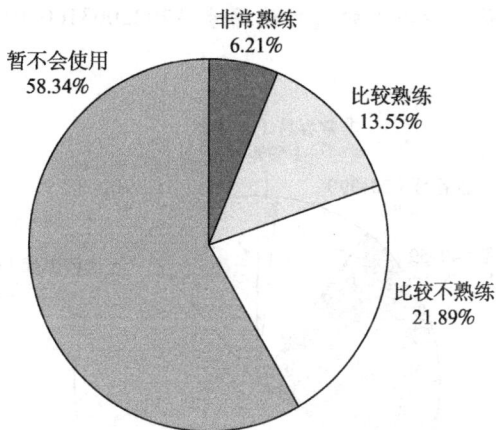

非常熟练
6.21%

暂不会使用
58.34%

比较熟练
13.55%

比较不熟练
21.89%

图 5-23 公众受访者通过编写程序抓取开放政府数据的能力情况

公众具有利用开放政府数据的能力对发挥开放政府数据的成效具有重要影响。政府开放的数据是未经处理的原始数据，加之公共数据的收集、整理、储存和利用是基于互联网环境和信息通信技术而进行的，因此公众需要具备一定的专业知识与数据处理能力才能够对政府开放数据进行分析，并利用这些数据监督政府行为（汤志伟等，2018；王卫等，2020；王法硕等，2021）。因此，要想真正实现政府开放数据的增值利用，公众在数据分析软件使用、数据抓取等方面具备有效使用开放政府数据的能力具有重要的作用。

4. 公共部门受访者对我国开放政府数据的难度认知情况

由图 5-24 可知，55.25% 的公共部门受访者认为在我国开放政府数据"比较困难"，11.19% 的公共部门受访者认为"非常困难"，这二者比例之和（66.44%）高于"不太困难"、"比较容易"和"非常容易"的比例之和（33.56%）。因此，从整体来看，大部分公共部门受访者认为在我国推行政府数据开放有难度。有部分受访者指出，开放政府数据的难易程度可以从不同阶段来看：

> 在初始阶段不太困难，上级党委、政府要求往下推，开放数据的工作是可以开展的……但是开放数据从建立到完善、从推动到落实是一个较长的过程，其中会面临数据是否全面、更新是否及时等问题，这一过程会是艰辛困难的（访谈编号 A2022003160101ZHW）。

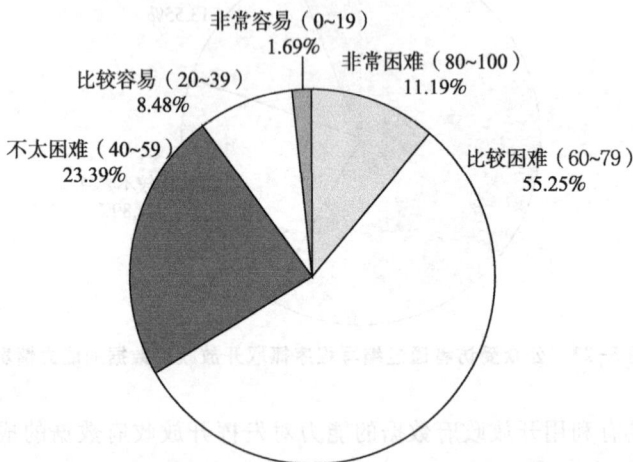

图 5-24 公共部门受访者对我国开放政府数据的难度认知情况

具体而言，如图 5-25 所示，60.00% 的公共部门受访者认为开放政府数据困难在于组织原因（组织文化保守、维护部门利益、领导的重视程度不够等）；较少部分人（36.95%）认为在于技术原因，即数据格式不统一、数据不可机读、数据挖掘技术学习门槛较高等。王翔等（2019）基于我国地方政府面向数据开放的政府数据治理的案例研究，发现在管理层层面，地方政府数据治理的组织架构未理顺，权责分工不明确从而可能存在利益纠葛，加之领导在实际工作中的支持力度不够，使我国开放数据的发展受到阻碍。一些公共部门受访者指出，组织人员思想相对保守，觉得多一事不如少一事，开放政府数据涉及个人隐私，若出事便职位不保；此外，还担心部门数据外泄会引起民众、媒体的批评：

　　我们的传统文化以内敛为主，教育以含蓄为主，主动公开本部门的所有数据在某种程度上会给领导和部门人员造成一定的心理负担，基于风险的考虑，害怕数据共享时暴露出的问题引发问责，还是觉得"数据安全"与"保密"更为重要（访谈编号 N2021003120201GLN）。

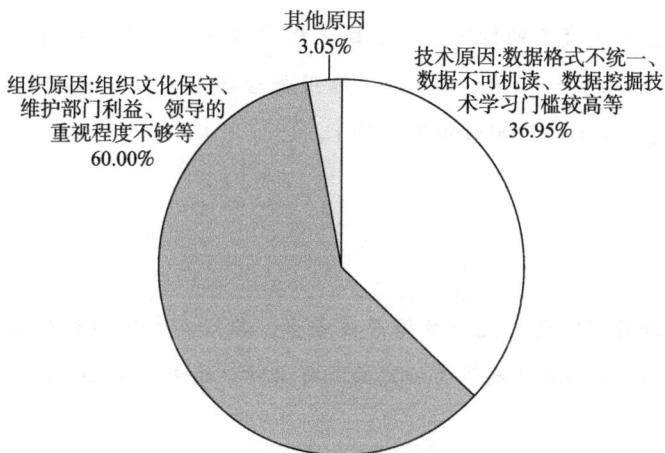

图 5-25　公共部门受访者认为造成政府开放数据困难的原因

　　另一些公共部门受访者认为，缺乏法律约束和考核机制而不愿意将数据开放共享，没有法律的强制约束和上级明确的指令要求，公共部门工作人员习惯于因循固有的工作模式，进而缺乏开放政府数据的积极动机，

　　对于政府部门开放数据，在一定程度上有完成国家布置任务的态度。上级政府一声令下，就把工作当成政治任务完成，但在执行层面上仍然存在对开放政府数据的意义认识不够的情况（访谈编号 F2021003160201SNE）。

还有公共部门受访者表示，政府出于权力本位而不愿意共享数据：

> 少数政府部门往往认为数据来源于本部门工作的积累，隐含"部门权力"，数据共享意味着权力的流失，进而不愿意主动提供数据。因此，部分政府部门在开放数据时会存在仅公布意义不大的数据，对核心数据有可能不公开或修饰后公开的问题（访谈编号 A2021003100202WL）。

关于技术原因，部分公共部门受访者认为标准问题阻碍数据开放共享：

> 在原先的政务信息系统建设中，各级各部门有可能存在业务紧密联系甚至是交叉的情况，由于缺乏标准体系的支撑，各部门采集的数据格式不统一、标准不一致，应用平台各异，数据库接口也不互通（访谈编号 Q2021003160201QTT）。

同时：

> 政府部门也未统一数据开放平台，各级各部门相对独立，各自为政，在获取数据上也存在一定的障碍（访谈编号 Q2021003160201QTT）。

因此导致信息交互发生不一致和偏差，从而降低了政府数据的利用率。

5. 防治腐败需要开放的政府数据类型

对于防治腐败需要开放的数据类型，从图 5-26 的统计结果可知，公众受访者认为，政府支出数据（88.05%）、公共采购数据（74.97%）、政府预算数据（73.49%）、公职人员名录（58.34%）四类数据的开放对防治腐败的作用最大；公共部门受访者认为政府支出数据（88.31%）、公共采购数据（82.71%）、政府预算数据（75.93%）、房地产交易数据（45.93%）的开放对防治腐败具有重要作用。

对于前三项数据类型（政府支出数据、公共采购数据、政府预算数据），公众受访者和公共部门受访者的选择较为一致。陈美等（2019）以

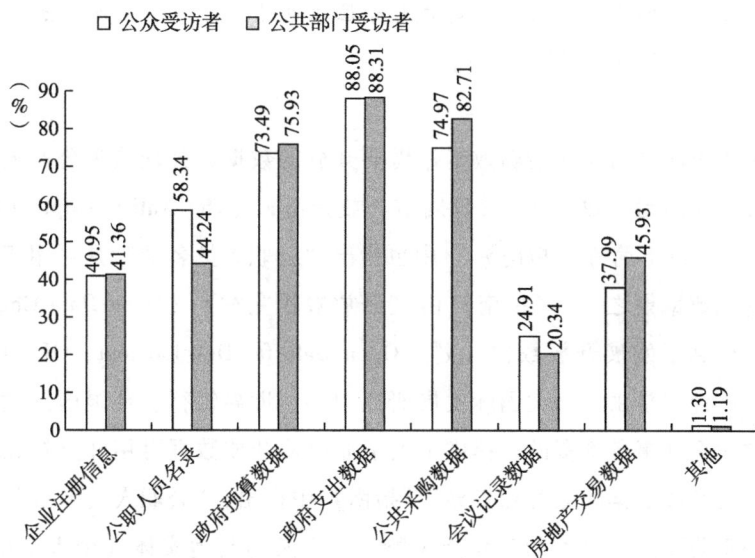

图 5-26　公众和公共部门的受访者认为防治腐败工作需要开放的数据类型

法国为例，通过对文献资料和网站内容的调查，阐述了法国反腐败开放数据的组织机制、政策机制和法律机制，经过现实案例验证，政府预算、政府支出、公共采购等数据的开放确实在法国的反腐工作中表现出了突出的作用。以公共采购数据为例，一位公共部门受访者表示：

　　我自身在政府单位从事政府采购的一部分工作，通过长期大量的观察不难看出，政府总是采购数量大于需求的办公耗材，总是采购固定一两家的商品，即使是从公开的采购平台中购买也会如此，其中很难说不存在腐败问题，**通过政府数据公开，民众可以清晰地看到政府采购的商家以及采购物品数量等信息**，这就与其他单位形成对比对照，其中的"猫腻"就很容易显现，这在一定程度上规范了公职人员的行为，有助于减少腐败的发生（访谈编号 A2020002060201SSL）。

对于公开财政部门的数据，一位来自财政部门的工作人员明确表示：

　　财政部门掌握着大量的、有意义的基础政府数据，财政数据是反腐败工作的重要切入点，财政财务往往也是腐败分子的薄弱点（访谈编号 C2020002050201LH）。

关于第四类对于防治腐败工作需要开放的数据，公众认为公职人员名录的开放对防治腐败有效。《反腐败开放指南》（The Anti-Corruption Open Up Guide，以下简称《指南》）中也指出"公职人员名录"是可用于反腐败的优先数据集之一。《指南》由《开放数据宪章》（Open Data Charter）倡议，得到了发展开放数据计划（Open Data for Development，OD4D）的支持，该计划是由加拿大国际发展研究中心、世界银行、英国国际发展部和加拿大全球事务部资助，提供了关于如何使开放数据可用并支持在特定领域使用开放数据的见解和指导。《指南》中指出，"公职人员名录"可以提供关于公职人员个人的工作岗位特征，以及与其他实体（个人或组织）的联系等相关信息。通过公职人员名录的开放，公众可以明确地知道公职人员具体的岗位和职级，对其能获得的薪资有初步的了解，若发现贪腐行为可对其进行监督举报，进而有利于消除其贪污腐败的侥幸心理。与公众受访者相比，选择开放"公职人员名录"的公共部门工作人员较少，比例为 44.24%。这是因为"公职人员名录"的开放一方面涉及个人隐私：

（公职人员名录开放后）大家可以在网上看到我的薪资等信息，这是我的个人隐私，我不愿意公开（访谈编号 A2022001160101ZHW）。

因此公共部门工作人员出于隐私保护的考虑而不愿意开放政府数据。另一方面受保守的组织文化影响，个人信息向社会大众公开后会给公共部门工作人员造成一定的心理负担，畏惧因工作失职而担责。这也从另外一个侧面反映出在我国进行政府数据开放是有一定难度的。

公共部门工作人员认为"房地产交易数据"对于反腐具有重要作用。由于房地产领域所涉及的利益群体众多、交易标的价值较大、相关法律法规不完备、监督监管体制不健全，房地产领域成为近年来官员腐败的重灾区（张孜仪，2014；乐云等，2013）。

开放房地产交易数据一方面可以识别已存在的腐败行为和潜在的腐败

风险，有利于相关部门对其进行惩治；另一方面可对公职人员起到警示作用，让他们知道自己的房地产交易行为被公开管理，有利于遏制其中一部分人的贪污腐败行为。有公共部门受访者表示：

> （这些年）官员中的"房哥""房姐"很多，给公众造成部分官员"台上说廉洁，台下大贪腐，阳奉阴违，嘴上一套实际又一套"的印象。通过房产买卖的情况，可以倒推公职人员是否存在房产过多的情况，由此可以查出是否存在贪污受贿的情形，（数据公开后）在大众的监督之下，可切实避免巨额资产来源不明问题，堵住了贪污和受贿的资金通道，让官员们不敢腐、不能腐（访谈编号 A2020002060103WMC）。

此外，通过对部分公共部门工作人员的访谈作者了解到，他们认为土地登记册和土地出让性质数据、基层自治中的相关数据（村居财务收支、村干部收入、群众福利发放、土地承包及征地补偿明细、村民代表会议记录、党员会议记录等）、行政许可的事项、依据、条件、数量、程序、期限和申请行政许可需要提交的全部材料目录、办理情况以及社会物资的捐赠、购买和使用等方面数据的开放对于腐败防治同样具有促进作用。土地方面的数据开放"有利于使购房者清楚了解楼盘的土地出让性质，有效防止政府工作人员与不法开发商互相勾结、权钱交易，损害群众切身利益"（访谈编号 A2020002020201DJ）。

对于基层自治中的相关数据，有 A 省的公共部门工作人员指出：

> 如果可以建设延伸至基层群众自治组织的数据公开系统，将**村居财务收支、村干部收入、群众福利发放、土地承包及征地补偿明细、村民代表会议记录、党员会议记录**等材料予以详尽保存和公开，无疑将大大提高村务公开透明程度，将村干部的行为暴露在群众的监督之下，增强党纪国法的威慑力，从而极大推动基层反腐败工作的进程（访谈编号 A2020002050101QJT）。

社会捐赠物资相关数据的开放，能够及时地向社会反馈捐款进度、物资分配情况与去向，确保物资真正地"用之于民"，有利于减少不必要的物资浪费（访谈编号 C2020002010201SBM）。

总的来说，基于问卷调查与访谈的结果，公众和公共部门工作人员认为以下类型数据的开放有助于防治腐败。

一是开放政府基础数据，包括公职人员名录、财产公示、政府财政数据以及其他可以公开的基础数据等。这些数据的开放能够有效促进社会监督，进而使一些腐败行为提前暴露。国家公职人员的录取和选聘、工资和福利、调动和提拔以及家庭成员等信息对外公开，做到人员信息的透明化，可以避免人事工作过程中的权力寻租问题。在保护个人隐私的前提下，适当地公开公职人员的税务登记、房产税缴纳情况等数据，与纪委、检察院等部门进行数据共享，营造不敢腐、不能腐的态势。

二是开放易发生腐败行为的重点领域的政府数据，包括政府采购（公司登记册、政府采购承包商清单、政府采购合同登记册、招投标过程数据、政府采购投诉登记册等）、扶贫救济款发放等，通过不同数据用户的参与，能够在各个防腐败环节发挥至关重要的作用。国家低保、五保等保障性政策和惠民政策的享受人员名单的公示，可以避免政策落实中的优亲厚友现象。

三是开放涉及重大民生领域的政府数据，包括财政预算、支出、公共资源配置、重大建设项目批准和实施等，不仅能够使公众监督政府是否廉洁，还能够实时监督政府决策的合理性，有助于公众更好理解政府的政策措施，推动经济社会发展。政府的内部运营成本详细支出的公开，特别是"三公"经费方面，需要对因公出国出境团组人数、车辆购置数及保有量，公务接待等情况进行详细和充分的说明。此外，捐款捐物的流向等数据也应该及时地公开。

另外，由于《指南》确定了用于建设反腐败数据基础的关键数据集和通用的数据标准，我们将《指南》提出的用于建设反腐败数据基础的优先数据集（29 项）与本研究的问卷调查和访谈结果进行对比后，可以得出如表 5-6 所示的内容。由此可以发现，我国公众和公共部门的受访者对于防治腐败工作需要开放的数据类型，与《指南》建议的优先数据集有较大的重合（19 项）。

关于"会议记录"数据，在本研究的问卷及访谈结果中有较少的公众受访者（24.91%）和公共部门受访者（20.34%）认为它的开放对防治腐败有重要作用，有公众受访者认为会议记录多数时候"涉及国家或组织的机密"，不会也不能够进行开放，还有部分公共部门受访者表示"能够开放的会议记录，感觉对防治腐败的作用不大"。而对于《指南》建议的优先数据集中其他类型的数据，如游说登记表、竞选承诺、理事会/咨询委员会成员等相关数据符合西方政治制度的特点，与我国的政治制度不同。另外，《指南》中指出，开放"国际援助和融资"和"法庭审判记录"等数据同样有利于腐败行为的预防与发现，在未来开放政府数据的发展进程中，应当结合我国的具体实际，加强对上述数据的开放。

表 5-6 《反腐败开放指南》与本研究的开放数据类型对比

《反腐败开放指南》		本次问卷及访谈结果
优先数据集（priority datasets）		
利益声明（interest declarations）	公职人员和公众人物在公共生活中的私人活动或关系的数据	—
游说登记表（lobbying register）	作为说客的个人和组织数据	—
公司登记表（company register）	在管辖范围内合法注册运营公司的数据	√
著名政治人物名单（politically exposed people's list）	拟委任或已委任履行重要政治职责的人员名单	√
公职人员名录（public officials register）	所有公职人员的名单，包括职务、资历的详细信息	√
政府承包商名单（list of government contractors）	所有与政府签订或曾经签订合同的承包商的登记表，包括他们受到的制裁等详细信息	√
腐败敏感职位清单（corruption-sensitive posts）	政府内部根据工作任务列出的容易产生腐败的职位表	√
理事会/咨询委员会成员（council/advisory board members）	现有理事会/政府咨询委员会的名单，包括其工作职责和成员的数据	—
合同登记册表（contracts register）	曾经的和现有的政府合同清单，以及合同实施和修订的详细信息	√

《反腐败开放指南》		本次问卷及访谈结果
优先数据集（priority datasets）		
政党财政（political parties finances）	政党在一段时间内的财政捐款及其他捐款的收支记录	—
预算（budgets）	政府在一段时间内的预期收支数据	√
投标及批出程序（tender and award processes）	公共采购招标通知、竞标程序和签订中标合同的数据	√
牌照、特许权及许可证（licenses, concessions and permits）	政府颁发的从事特定业务或执行特定活动的权限/注册证明	√
公私合营数据（PPPs, Public—Private—Partnership）	政府同意或正在规划的每个公私合作伙伴关系的数据，允许与私营实体合作开发或实施公共项目	√
支出（spendings）	各政府单位的支出记录	√
政府拨款（government grants）	政府向不同组织或个人提供的各类捐款数据	√
国际援助和融资（international aid and financing）	政府、发展机构、国际组织或民间社会组织出于发展和人道主义目的，提供或接收相关物资的记录	
审计数据（audit data）	政府外部或内部实体（如最高审计机构）进行审计和评估的数据	√
投票记录（voting records）	选举事务委员会委员、立法机构和合议机构成员的个人投票记录	—
法庭审判记录（court data）	司法机构做出的法律决定以及被起诉案件的记录	—
政府项目登记表（register of government projects）	拟实施或正在实施的重大政府项目，如基础设施或教育项目	√
会议记录（meeting records）	高级公职人员（特别是腐败敏感职位）的会议记录和纪要	—
规例的变更记录（records of changes in regulations）	在某一管辖区内对法律法规进行修改的记录，包括修改日期及其支持者的信息	
竞选承诺（campaign promises）	政客在竞选活动中做出的承诺，以监督其执行情况	—
被禁止或受到制裁的承办商（debarred or sanctioned contractors）	被禁止参与政府承包程序，或因其曾在承包程序中的不当行为而受到制裁的个人和组织名单	√

《反腐败开放指南》		本次问卷
优先数据集（priority datasets）		及访谈结果
公共采购投诉登记表（public procurement complaints register）	公司在公共采购过程中填写的投诉登记表，及其调查和结果信息	√
土地/物业登记表及地籍［land/ property register and cadastre（public land）］	管辖范围内的土地和财产所有人的登记信息	√
税务记录（tax records）	政府征收的税费和其他费用	√
资产申报（asset declarations）	公务员、相关政客及其亲属所持资产的信息和数据	√

6. 运用开放政府数据防治腐败需要注意的问题

对于通过开放政府数据进行腐败防治最需要注意的问题，从图 5-27 的统计结果来看，公众和公共部门的受访者一致认为是"开放的数据质量较差"（55.44%，56.78%）和"开放平台不完善"（50.47%，49.32%）。这也与一些学者的研究发现相吻合。余奕昊等（2018）基于 10 个地方政府数据开放平台的研究发现，我国地方政府数据开放存在平台开放力度较弱，数据集数量整体偏少，质量参差不齐，尚未覆盖所有部门和社会生活领域、缺乏顶层设计，平台建设标准不统一的问题。张廷君等（2019）也在研究中发现，地方政府数据开放平台的数据在内容上、质量上尚不能满足使用者的使用与开发需求，不少地方政府对哪些数据可以或者应该开放发布以及数据开放的价值与目的尚不明晰。

关于"开放的数据质量较差"，有部分公共部门受访者表示，政府开放的数据并不一定与防治腐败相关：

> 政府开放的数据可能与腐败并不沾边，因此开放的数据虽然多，但大多作用不大（访谈编号 F2021003160201ZXY）。

同时，"开放平台不完善"问题也需要引起重视。由于开放平台不完善，原始数据未得到及时、全面的整理，进而会在通过政府数据发掘腐败线索方面产生阻碍。一位 A 省的公共部门工作人员结合自己在乡镇纪委办

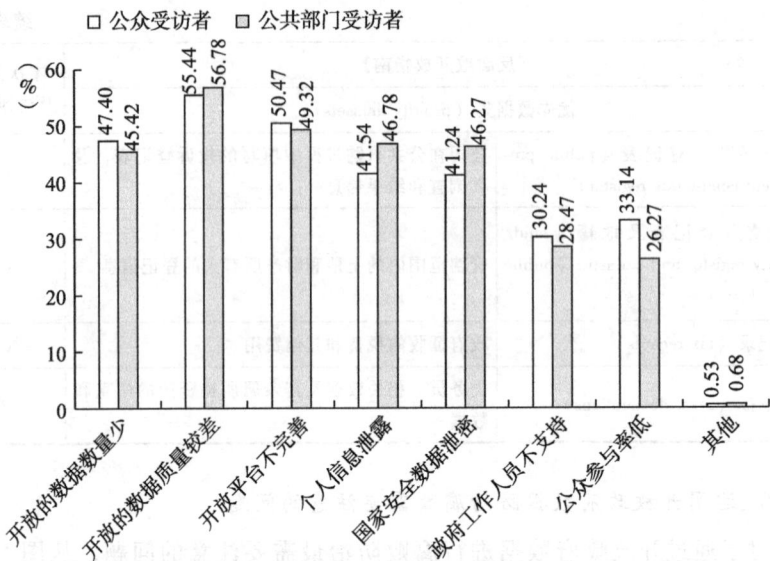

图 5-27　公众和公共部门的受访者认为通过开放政府数据防治腐败需要注意的问题

案过程中的经历说到：

> 某村民举报该村支部书记贪污了低保户村民 a 的 2010 年房屋改造
> 款 1 万元。当年普通村民的改造拨款为 5000 元，低保户为 15000 元，
> 而村民 a 则按照普通村民的应发标准获得了 5000 元，通过调阅 2010
> 年民政办公室危房改造原始数据表我们发现，2010 年乡镇上报的表格
> 中村民 a 的身份有意或无意地被错写成了一般村民，而不是低保户，
> 应下发的 1 万元到底是被贪污还是仅是笔误有待进一步调查确认。但
> 我们有理由相信，如果 2010 年的民政拨款基础数据能在政府数据开放
> 平台上公开，那么这个错误就能早点被发现和更正（访谈编号
> A2021003090201MM）。

由此可见，开放政府数据在揭露腐败实践中有巨大的潜力，但开放平台不完善的问题会阻碍开放政府数据发挥防治腐败的作用。

另外，47.40% 的公众受访者认为，"开放的数据数量少"这一问题在利用开放政府数据防治腐败的过程中也值得注意。但与"开放的数据数量少"相比较而言，公共部门受访者认为"个人信息泄露"这一问题更需要引起重视。这可能是因为在问及开放的数据类型时，公共部门工作人员认为房地产交易数据、公职人员名录、企业注册信息等数据的开放会侵犯个人隐私。此外，我国开放政府数据仍处于起步阶段，有公共部门受访者表示开放政府数据存在一定风险：

> 当前我国在个人信息保护、贯穿数据生命周期的数据安全等方面的法律体系尚未健全，个人隐私信息泄露、国家安全数据泄密、数据的质量问题等都可能带来巨大损失（访谈编号 A2021004160202WTT）。

这也表明，在利用开放政府数据防治腐败的过程中，需要在及时发现腐败行为与保护好其他公共部门工作人员个人隐私之间寻求最优解，进而实现开放政府数据对腐败防治助推效力的最大化。

7. 有助于发挥开放政府数据对防治腐败作用的措施

对于最有助于开放政府数据防治腐败作用发挥的措施，由图 5-28 的统计结果可知，公众受访者认为有效举措排在前三的依次是"建立通过开放

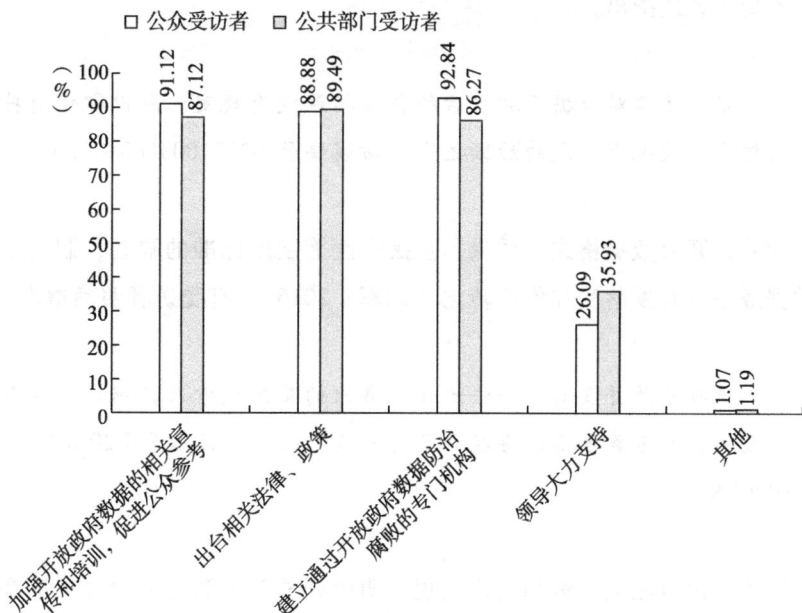

图5-28　公众和公共部门的受访者认为最有助于发挥开放
政府数据在防治腐败方面作用的措施

政府数据防治腐败的专门机构"（92.84%）、"加强开放政府数据的相关宣传和培训，促进公众参与"（91.12%）、"出台相关法律、政策"（88.88%），而公共部门受访者认为有效举措排在前三的依次是"出台相关法律、政策"（89.49%）、"加强开放政府数据的相关宣传和培训，促进公众参与"（87.12%）、"建立通过开放政府数据防治腐败的专门机构"（86.27%）。

以法律和政策为代表的环境因素对政府机构参与开放数据具有显著的影响，我国目前尚未建立完善的开放政府数据的法律法规和制度标准，导致政府在开放数据方面缺乏数据产权、使用、安全等方面的法律保障，不利于激发有关部门的开放意愿。有受访者表示：

> 在我国，开放政府数据未完全提升到法律层面，只有少数地方政府出台了相应的法律法规强制相关部门做到数据开放。目前只有相关学者在倡议政府开放数据，这种力度和要求是不够的（访谈编号 B2021003160103LS）。

该受访者还指出，

> 我国法律对数据开放之后的保障措施没有规定，所以即便有些部门想要开放也有一定的后顾之忧（访谈编号 B2021003160103LS）。

此外，开放数据格式、质量、互操作性等制度标准的缺乏，制约了开放数据战略的开发落实和价值转化（谭军，2016）。有受访者明确指出，

> 数据开放并没有完全法治化，得出的腐败线索及证据是否具有法律效力及其可靠性都还存在一定的不确定性（访谈编号 E202100310010101WYK）。

因此，出台相关政策和法律法规，明确开放政府数据的制度标准和违法违规的界限范围有利于促进开放政府数据发挥防治腐败的作用。

制度建设重在落实，在填补了制度漏洞之后，需要相应的部门依法依

规实施，"数据开放主管部门是开放政府数据工作的执行者与推动者，是保障数据开放工作的组织基础"（刘新萍等，2019），但目前我国尚未完善数据开放的组织管理机制。A省一位受访者表示：

> 各地政府部门数据开放的主管机构各异，并且与相邻的大数据应用主管部门、信息公开主管部门、电子政务主管部门等都有不同程度的职能交叉，这导致我国政府数据开放工作进展缓慢（访谈编号A2022004160202XQ）。

G省的一位受访者提出：

> 全国还未形成统一的管理，未有明确的职责和功能划分，缺少对大数据处理的相关专业人才负责对数据进行采集、存储和分析应用（访谈编号G2022004160201ZQ）。

此外，加强对公共部门工作人员的宣传和培训可以加深其对开放政府数据在防治腐败方面作用的了解，从而使其心存敬畏，不敢贪腐，这在一定程度上起到了预防腐败的作用，推动各级政府营造良好的廉洁文化氛围；加强对纪委工作人员、法院和检察机关的工作人员的培训，可以提高他们利用开放数据发现、调查、惩处腐败行为的能力；加强对社会公众的培训，可以增强他们利用开放数据监督公职人员执政行为的意识，提高他们利用开放数据发现腐败的能力（郭少友等，2018）。由此可见，出台相关法律政策、设立开放政府数据防治腐败的专门机构、加强开放政府数据的相关宣传和培训对于通过开放政府数据防治腐败具有重要的促进作用。

第五节 本章小结

本章报告分析了问卷调查与访谈的结果。在开放政府数据的内涵方面，我国公众和公共部门工作人员对开放政府数据概念的了解程度整体偏低，能够正确区分"政府数据开放"与"政府信息公开"两者内涵的人数比例较低。公众和公共部门工作人员对于国家级政府数据开放平台和自己所在省、市的政府数据开放平台的建设情况不熟悉。

在开放政府数据的作用方面，公众和公共部门工作人员都认可开放政府数据对社会发展有作用，其中最被认可的作用是增强政府透明度和责任感；公众和公共部门工作人员都认可开放政府数据对腐败防治有作用，并且认为最可能起到的作用是提高公共部门透明度，增加腐败成本，抑制人的腐败动机和行为。

在如何通过开放政府数据防治腐败方面，首先，公众希望通过官方渠道，如政府数据开放网站和微博、知乎、微信公众号等了解信息。其次，绝大多数公众受访者愿意参与通过开放政府数据防治腐败工作，但其有效使用政府开放数据的能力有所欠缺。同时，调查和访谈结果反映出我国公共部门工作人员认为开放政府数据仍然面临很多困难，组织文化保守、维护部门利益、领导重视程度不够等组织因素是阻碍我国政府开放数据进一步开展的主要原因。此外，受访者认为防治腐败需要开放政府支出、公共采购、政府预算等类型的数据；开放政府数据防治腐败过程中需要注意开放的数据质量较差、开放平台不完善的问题。对于促进开放政府数据发挥防治腐败作用的有效举措，受访者们认为可以建立通过开放政府数据防治腐败的专门机构、加强开放政府数据的相关宣传和培训，促进公众参与、出台相关法律和政策。

第六章　结论

第一节　基本结论

一　面板数据分析结果

本研究运用了混合方法探究开放政府数据是否对腐败有防治作用。首先，本研究运用长达 4 年、覆盖 106 个国家的面板数据来探索开放政府数据水平与腐败程度的关系。被解释变量为腐败程度，解释变量包括政府数据的开放度、实际人均 GDP、城市化水平、女性领导比例、政治制度、政府规模、法治水平、媒体自由、公众参与以及宗教。面板数据分析的结果表明，目前开放政府数据在防治腐败方面仍然不是一个强有力的工具，但是大有潜力。具体来说，尽管政府数据开放度与腐败程度之间是负相关的关系，但是仅在一个模型中显著。然而，当具体考虑政府数据开放度的三个组成部分（准备度、执行力、影响力）与腐败程度的关系时，根据随机效应模型的结果，政府数据开放的准备度与腐败程度之间是显著的负相关关系（1%水平上），即政府数据开放的准备度越高，人们感知到的腐败程度就越低。此外，根据面板数据分析结果，影响腐败程度的原因还包括实际人均 GDP、媒体自由、法治水平。

二　案例分析结果

本书对透明国际发布的 3 个运用开放政府数据治理腐败的案例（欧盟通过开放游说数据监督议员诚信、斯洛伐克通过在线公开政府合同惩治医疗腐败、立陶宛通过开放法官绩效惩治司法腐败）进行了具体分析，并将面板数据分析的结果在 3 个国家和地区中进行初步验证。案例分析的结果如下。

1. 开放政府数据在预防和惩治腐败方面具有重要作用

欧盟通过建立议员诚信监督网站，公布了游说者会议记录、游说者档案以及议员财务信息，在欧洲议会中营造了更加透明的氛围，并减少了欧洲议会成员的外部收入。斯洛伐克通过在线公开所有的政府合同，使牵涉范围巨大的医疗贪污案件浮出水面。立陶宛通过开放法官的绩效，使更多的公众了解了法院和法官的工作，提高了该国司法体系的透明度。在这三个案例中对防治腐败起到关键性作用的数据包括会议记录、财务信息、政府合同、工商登记信息、绩效信息。

2. 政策法规在开放数据防治腐败方面发挥着关键作用

2011 年，《斯洛伐克信息自由法修正案》规定，除涉及国家安全等的合同外，以开放的、机器可读的格式在网上公布所有政府采购合同。如果在合同签订后的三个月内，该合同的完整版本没有在线公布，该合同将被视为无效。正是基于这项法规的支持，透明国际利用公开的合同信息和企业注册信息，发现了串标的现象，揭露了腐败丑闻。这也与面板数据的分析结果相一致：法治在防治腐败方面发挥着重要的作用。

3. 媒体在利用开放政府数据防治腐败方面扮演着不可或缺的角色

媒体在欧盟通过开放游说数据监督议员诚信、斯洛伐克通过在线公开政府合同惩治医疗腐败、立陶宛通过开放法官绩效惩治司法腐败这三个案例中都扮演着不可或缺的角色。具体来说，主要包括两个方面的作用。一是在开放数据方面。例如，欧盟议员诚信监督平台背后的技术（D3.js）由纽约时报开发。二是在揭露腐败行为方面。在斯洛伐克医疗丑闻案中，SME 首先收到了一家医院的医生关于餐饮招标的内幕消息，然后又与透明国际斯洛伐克分会联手公布了投标书的详细内容，曝光了腐败行为。这也与面板数据的分析结果相一致：媒体的自由与一个国家的腐败程度是显著负相关的。媒体自由度越高，腐败案件被揭露得越多，腐败程度相应就越低。

4. 较高的经济发展水平也促进了开放数据在反腐败领域的应用

综观 3 个案例，欧盟、斯洛伐克、立陶宛的经济发展水平较高。根据世界银行的数据，2007~2016 年，欧盟、斯洛伐克、立陶宛的人均 GDP 均高于世界平均水平。由此可见，在某种程度上，较高的经济发展水平也会促进开放数据的发展，其中就包括在反腐败领域的应用。这也与面板数据的分析结果一致。

三　问卷调查与访谈结果

本研究使用了问卷调查法和访谈法向我国公众和公共部门工作人员了解他们对于开放政府数据防治腐败作用的看法。最终回收 1690 份公众问卷和 612 份公共部门工作人员问卷，并进行了 211 人次的访谈。本次问卷调查和访谈结果如下。

在开放政府数据的内涵方面，我国公众和公共部门工作人员对于开放政府数据概念的了解程度整体偏低，公共部门工作人员能够正确区分"政府数据开放"与"政府信息公开"概念内涵的比例比公众高。公众和公共部门工作人员对于政府数据开放平台都有一定的认知，但缺乏深入了解，多停留于表面。开放政府数据研究与运用在国内尚处于起步阶段，其理论政策、实践宣传等方面还有很大的提升空间。

在开放政府数据的作用方面，公众和公共部门工作人员都认可开放政府数据对社会发展有作用，其中最被认可的作用是增强政府透明度和责任感；公众和公共部门工作人员都认可开放政府数据对腐败防治有作用，并且认为最可能起到的作用是提高公共部门透明度，增加腐败成本，抑制人的腐败动机和行为。

在如何通过开放政府数据防治腐败方面，首先，公众希望通过政府数据开放网站和微博、知乎、微信公众号等途径了解信息，这反映出公众在了解开放政府数据相关信息时更倾向于便捷性和易获取性高的途径。其次，绝大多数的公众受访者愿意参与利用开放政府数据防治腐败的工作，但其有效使用政府开放数据的能力有所欠缺。同时，调查结果反映出我国公共部门工作人员认为开放政府数据仍然面临很多困难，如组织文化保守、维护部门利益、领导重视程度不够等组织因素是阻碍我国政府开放数据进一步开展的主要原因。此外，受访者认为防治腐败需要开放政府支出、公共采购、政府预算等类型的数据；开放政府数据防治腐败过程中需要注意开放的数据质量较差、开放平台不完善的问题。对于促进开放政府数据发挥防治腐败作用的有效举措，受访者认为可以建立通过开放政府数据防治腐败的专门机构；加强开放政府数据的相关宣传和培训，促进公众参与；出台相关法律、政策。

四　本研究基本结论

综上所述，面板数据分析、案例分析、问卷调查与访谈的结果基本一致，三种方法的结果得到了互相验证。

第一，开放政府数据在防治腐败方面具有重要作用，但目前仍然不是一个强有力的反腐败工具。根据面板数据分析结果，政府数据开放度与腐败程度之间呈负相关关系，但是在诸多模型中不显著，说明目前开放政府数据在防治腐败方面所起的作用有限。但是，案例分析和调查访谈的结果证明，开放政府数据在预防和惩治腐败方面具有潜在作用。欧盟通过开放游说数据监督议员诚信，斯洛伐克通过在线公开政府合同惩治了医疗腐败，立陶宛开放法官绩效惩治了司法腐败。此外，在我国高达93.02%的受访公众和94.93%的受访公共部门工作人员均认为开放政府数据对防治腐败有作用，并且认为开放政府数据最可能起到的作用是提高公共部门透明度，增加腐败成本，抑制人的腐败动机和行为。对揭露腐败行为具有关键作用的数据包括会议记录、政府采购合同、绩效信息、公司登记数据、政府支出数据、政府预算数据等。

第二，如何在我国通过开放政府数据防治腐败？89.41%的公众受访者表示愿意参与通过开放政府数据防治腐败的工作。但是，我国公众和公共部门工作人员当前对于开放政府数据内涵的了解程度整体偏低，只有54.38%的公众受访者与57.68%的公共部门受访者听说过"开放政府数据"。此外，我国公众当前有效使用政府开放数据的能力也较低，大部分公众不会进行数据抓取和数据分析。此外，在我国已开放的政府数据方面存在数据数量少、数据质量较差（未按可机读格式开放、缺乏统一标准）、开放平台不完善等问题。开放政府数据除面临技术困难外，还面临组织文化保守、维护部门利益、领导重视程度不够等方面的障碍。为了充分发挥开放政府数据在防治腐败方面的作用，根据面板数据分析、案例分析、问卷调查与访谈的结果，我国应在制定政策法规、完善组织管理机制、充分利用媒体的作用等方面下功夫。

第二节　主要贡献

如前所述，目前从政府数据开放角度探索反腐败途径的研究屈指可数。但国外已经开始了通过开放政府数据和大数据技术来防治腐败的实践，并取得了一定成效。所以开放政府数据在我国反腐败工作中的作用值得深入探索。此外，本研究聚焦通过开放政府数据来预防和惩治腐败，也是对委托-代理理论和技术反腐理论的深化和运用。政府部门（代理人）主动开放数据，有利于与公众（委托人）与其进行沟通和交流，同时公众（委托人）也可以通过数据来加强对政府部门（代理人）的监督。此外，政府通过开放数据、运用大数据治理腐败，也是对技术反腐理论的进一步应用。

在研究方法方面，本研究运用了混合方法，力求提升研究信度与效度。目前鲜有对开放政府数据的反腐败作用的实证检验，本研究构建了一个多国、多年份的面板数据模型，测试了开放政府数据在全球范围内是否会减少腐败现象。面板数据可以克服时间序列分析受多重共线性的困扰，提供更多的信息、更多的变化、更少共线性、更多的自由度和更高的估计效率。此外，本研究还进行了案例分析、问卷调查与访谈，力求运用多种方法和视角回答"开放政府数据是否对腐败防治有作用"和"如何通过开放政府数据防治腐败"的问题，将大样本与小样本结合，将定量研究与定性研究相结合，将单一因素与组态视角相结合，将全球视野与中国国情相结合，提升结论的有效性，为新形势下防治腐败提供决策参考。

第三节　政策启示

一　建立健全开放政府数据相关法律政策体系，明确开放政府数据的优先领域和重点领域

各国政府数据开放行动的顺利开展得益于国家层面的统筹规划与一系列法律、政策文件的支撑。例如，英国政府相继颁布了《信息自由法》

（2000）、《公共信息再利用条例》（2005）、《地方政府透明准则》（2014）、《政府转型战略：更好地利用数据》（2017）以及《国家数据战略》（2019）等。此外，早在2009年，英国财政部便提出了公开数据的原则，并提出要公开健康医疗、公共交通、天气、公共支出等方面的数据，以及建立一站式数据网站（data.gov.uk）的计划。英国政府还构建了国家信息基础设施框架（The National Information Infrastructure，NII），制定了数据开放指导原则，提出要重点开放有关位置、公共部门绩效、财政、运行流程的数据。

当前，我国中央政府层面还未颁布有关开放政府数据的专门政策法规，相关规定散见于有关政府信息公开、数字政府建设、大数据发展的政策中，关于开放政府数据的原则、标准、权责、程序、重点领域等没有明确的部署与指导意见。目前，我国关于公共信息资源开放的法规主要是2019年修订的《中华人民共和国政府信息公开条例》。然而，如前所述，政府信息公开与政府数据开放的内涵、目的并不相同（孟庆国，2016；郑磊，2015）。政府信息公开强调公众的知情权，公开的大多是文件或经过整合分析后的统计数据；政府数据开放除满足公众的知情权外，还强调数据的应用和创新，因而要求开放未经过加工的、可机读的、可下载的原始数据，以便公众、企业、社会组织等再利用。我国应加快制定有关开放政府数据的政策法规，加强政府部门的共享和开放意识，促进政府数据在安全前提下的开放。

根据面板数据分析、案例分析、调查访谈的结果，法治水平是影响一国腐败程度的重要因素。为了发挥开放政府数据的腐败防治作用，我国应当在有关反腐败法律、政策中明确开放政府数据的重要角色，从法律高度确立存储数据、开放数据、分析数据对防治腐败的重要性和权责，并重点开放会议记录、政府采购合同、绩效信息、公司登记、政府支出、政府预算等数据。

二　完善政府数据开放的组织管理机制，设立通过开放政府数据防治腐败的专门机构

根据问卷调查和访谈结果，60.00%的我国公共部门工作人员认为造成开放政府数据困难的原因在于组织文化保守、维护部门利益、领导的重视

程度不够等；36.95%的受访者认为在于技术原因。有效的组织管理机制是开放政府数据顺利实施的保障。

如案例分析部分所述，英国的政府数据开放行动由透明委员会、开放数据研究所、数据战略委员会和公共数据集团共同开展。在我国浙江省、贵州省、广州市、沈阳市、成都市、黄石市等多地均已成立了大数据管理局。国家层面的数据开放和应用统筹协调机制亟待建立。我国应加强中央与地方之间的协调，引导地方各级政府将数据开放纳入本地区的经济社会发展规划中。设立或指定开放政府数据工作的主管部门，赋予该部门足够的职权以协调、统筹各业务部门的数据，明确业务部门和其他相关部门的分工与职责。通过公开政务数据来引导企业、科研机构、社会组织等主动采集并开放数据。

为了加强开放政府数据对腐败的防治作用，有关部门应组织专业人才，在反腐败相关部门内设立专门运用开放数据防治腐败的职能部门，专门对数据资源进行科学的采集、存储、利用和分析，运用大数据技术监督、预警、惩治腐败行为，把权力关进"数据铁笼"。

三 加强政府数据开放的考核评估，促进反腐败数据集的进一步开放

各级政府应建立常态化考核机制，将开放政府数据工作作为政府绩效考核的重要内容，考核结果作为领导班子和有关领导干部综合考核评价的重要参考。建立完善政府数据开放评估指标体系，树立正确评估导向，重点分析和考核项目建设、安全保障、应用成效等方面情况，确保评价结果的科学性和客观性。加强跟踪分析和督促指导，促进政府数据开放持续健康发展。

为了进一步发挥开放政府数据在反腐败工作中的作用，政府部门应将反腐败数据集的开放情况纳入相关主管机构和平台建设的考核指标当中，使反腐败数据开放进一步规范化和有针对性。例如，在数据搜索方面，可将反腐败数据单独设为一个专题或类目，方便用户查找。在对数据进行合理的脱敏化处理后，平台应放宽开放限制，降低需申请才能获取的反腐败数据集比例。在数据申请方面，对于一些较为敏感的反腐败数据集，应分

别制定针对企业和个人的申请程序，使公众个人也能够利用相关数据发现潜藏的腐败行为，积极参与反腐败工作。

四　加强宣传和培训，提升全民数字素养与反腐意识

根据问卷调查结果，我国公众和公共部门工作人员当前对于开放政府数据内涵的了解程度整体偏低，只有 54.38% 的公众受访者与 57.68% 的公共部门受访者听说过"开放政府数据"。此外，关于开放政府数据防治腐败工作，当前绝大部分公众愿意参与其中，但其有效使用政府开放数据的能力较欠缺，因此需要加强开放政府数据的相关宣传和培训，提高公众分析和利用政府开放数据的能力。

政府部门可充分利用线上、线下渠道加强开放数据价值的宣传和教育，以加强公共部门工作人员和公众对于开放数据的了解。政府部门可搭建数字化终身学习教育平台，构建全民数字素养和技能培育体系。把提高领导干部数字治理能力作为各级党校（行政学院）的重要教学培训内容，持续提升干部队伍数字思维和数字素养，创新数字人才引进培养使用机制，引导高校和科研机构设置数字政府相关专业。

要充分发挥开放数据在防治腐败方面的作用，仅仅将数据开放还不够。数据开放后不意味着每个人都能够使用这些数据，公众可能会面临技术、文化、教育等方面的障碍。在线下，政府部门可与媒体、相关非营利组织合作，在学校、社区发放开放数据的宣传册，举办开放数据的培训讲座；在线上，可以投放有关开放数据的公益广告、视频，扩大宣传的影响范围。同时，还可以举办对开放数据加以利用的比赛，鼓励公众利用数据解决社会难题。

在此基础上，还应加强开放政府数据的宣传和教育，鼓励公众积极利用开放政府数据参与腐败防治工作。政府部门可以运用公众喜闻乐见的短视频等形式进行宣传，使其了解这一新型的监督途径，提高对反腐败数据的关注，引导其积极运用开放政府数据参与反腐败工作。同时，也可以结合适当的腐败案件，开展教育活动以普及反腐败相关知识，提高公众对潜在腐败行为的敏感度和识别能力。

第四节 研究局限与展望

本研究旨在探索开放政府数据在防治腐败方面的作用。开放政府数据是一个较新的概念，而腐败是一个较敏感的话题。尽管本研究运用混合方法对利用开放政府数据防治腐败的作用进行了初步探索，但仍存在不足之处。

第一，面板数据分析仅基于 4 年的数据。本研究所使用的万维网基金会的"开放数据晴雨表"是国际上公认的评估政府数据开放程度的指标。《开放数据宪章》曾使用开放数据晴雨表进行有关地区性标杆、地方指标和活动的研究。G20 反腐败工作组也运用开放数据晴雨表来评估 G20 会员国开放数据的进展。自 2013 年以来，万维网基金会共发布了 5 版开放数据晴雨表报告，分析了全球 100 多个国家从 2012 年 7 月到 2017 年 9 月开放数据的发展情况。其中，前 4 版报告包含的国家数量较多，第 5 版报告为"领先者版本"（leaders edition），只包括已签署《开放数据宪章》或作为 G20 成员签署了反腐败开放数据原则的 30 个国家。本研究的数据正是来源于开放数据晴雨表的前 4 版报告，这是目前能找到的有关各国政府数据开放水平的最全面、最权威的数据。[1] 尽管该数据集涵盖了一百多个国家，但如果有更多的年份数据，会展现出开放政府数据动态的、更全面的发展情况。

第二，面板数据样本的代表性。面板数据分析中的样本包含了较多的高收入国家和中高收入国家，主要原因在于低收入国家通常缺乏丰富的资源和基础设施来收集和发布全国数据。此外，案例研究中仅具体分析了三个国家和地区的开放政府数据项目在防治腐败方面的作用。这三个国家和地区的经济发展水平也高于世界平均水平。如果能在样本中增加更多低收入国家，会增强研究结论的一般性和适用性。

第三，被解释变量的测度问题。如前所述，在面板数据分析中，被解

---

[1] 其他机构有关开放政府数据的评估（例如联合国电子政务调查报告 2014，OECD 的开放政府数据指数）包含的国家较少且只有 1 年。

释变量（腐败程度）使用了透明国际的清廉指数来衡量。清廉指数是商业人士和不同国家专家对公共部门腐败程度的主观看法，并不是客观的衡量指标，被访者有可能对一个国家腐败程度的了解仍然停留在前些年的印象。

第四，由于反腐败工作的保密性，在本研究的调查问卷对象和访谈对象中未能包括大量反腐败机构工作人员，下一步希望能增加反腐败机构的受访者。此外，问卷调查对象的年龄分布趋向年轻化，60 岁以上人口占比很小。参加调查公众的年龄集中于 20~29 岁（比例为 43.85%），参加调查的公共部门工作人员的年龄集中于 30~39 岁和 40~49 岁（比例分别为 28.76%、29.08%）。但是，考虑到开放政府数据是一个较新的概念，而且年轻人相较老年人来说更容易接受新鲜事物、学习新技术，是运用开放政府数据防治腐败的主要力量，所以本研究的结论具有较高的参考价值和借鉴意义。①

鉴于此，未来的研究方向应该从以下几个方面展开。

第一，面板数据分析可增加样本规模，特别是经济欠发达地区和国家的相关数据，以及发展中国家运用开放政府数据防治腐败的案例，以提高研究结论的适用性。

第二，寻找和探索有关腐败的客观数据。有些学者针对清廉指数主观性的质疑，建议使用"基于经历的指标"（experience-based measures）。例如，透明国际从 2004 年开始发布了全球腐败晴雨表（Global Corruption Barometer，GCB），研究人员询问了受访者"前一年有无任何政府官员，例如海关官员或警察，曾经要求或期望他们为其提供的服务行贿"。但是，全球腐败晴雨表目前仍没有量化，而且只包含少数国家的结果，需要进一步的编码和整理。

第三，积极联系反腐败相关机构，深入了解我国腐败案件侦破中曾起到关键作用的数据种类、目前反腐败工作中迫切需要开放的数据种类。整理、分析访谈结果，进一步剖析不同种类的数据对震慑、揭发腐败行为的作用。

---

① 在本次年轻人占比较高的调查对象中，只有 54.38% 的公众与 57.68% 的公共部门工作人员听说过"开放政府数据"，我国的开放政府数据运动需要进一步发展和加强。

参考文献

陈朝兵、杜荷花，2020，《省级政府电子政务绩效的影响因素研究——基于 31 个案例的定性比较分析》，《企业经济》第 5 期，第 147~154 页。

陈美，2014，《英国开放数据政策执行研究》，《图书馆建设》第 3 期，第 22~27 页。

陈美、郑伟，2019，《法国反腐败开放数据的保障机制研究》，《情报杂志》第 1 期，第 155~167 页。

陈向明，2000，《质的研究方法与社会科学研究》，北京：教育科学出版社。

程风、邵春霞，2022，《中国省级政府数据开放水平的驱动机制研究》，《情报杂志》第 3 期，第 198~207 页。

程文浩，2015，《中国廉政建设的关键五年》，《人民论坛》第 S2 期，第 39~40 页。

杜治洲，2011，《科技反腐的理论模型与风险防范》，《安徽师范大学学报》（人文社会科学版）第 6 期，第 630~634 页。

杜治洲、常金萍，2015，《大数据时代中国反腐败面临的机遇和挑战》，《北京航空航天大学学报》（社会科学版）第 4 期，第 21~27 页。

杜治洲、李鑫，2014，《我国网络反腐的主要特征——基于 217 个案例的实证分析》，《中国行政管理》第 4 期，第 5 页。

杜治洲、任建明，2011，《我国网络反腐特点与趋势的实证研究》，《河南社会科学》第 2 期，第 53~58 页。

段尧清、尚婷、周密，2020，《我国政务大数据政策扩散特征与主题分析》，《图书情报工作》第 13 期，第 7 页。

樊博、陈璐，2017，《政府部门的大数据能力研究——基于组织层面的视角》，《公共行政评论》第 1 期，第 24 页。

风笑天，2018，《社会研究方法（第五版）》，北京：中国人民大学出版社，第 303~332 页。

风笑天，2019，《现代社会调查方法（第五版）》，武汉：华中科技大学出版社，第 103~137 页。

冯芷艳、郭迅华、曾大军、陈煜波、陈国青，2013，《大数据背景下商务管理研究若干前沿课题》，《管理科学学报》第 1 期，第 1~9 页。

公婷、吴木銮，2012，《我国 2000-2009 年腐败案例研究报告——基于 2800 余个报道案例的分析》，《社会学研究》第 4 期，第 204~220 页。

郭蕾、肖有智，2016，《政府规制改革是否增进了社会公共福利——来自中国省际城市水务产业动态面板数据的经验证据》，《管理世界》第 8 期，第 73~85 页。

郭少友、郭维嘉、刘博浩，2018，《国外反腐败开放数据研究进展及启示》，《情报杂志》第 2 期。

过勇，2017，《十八大之后的腐败形势：三个维度的评价》，《政治学研究》第 3 期。

过勇、杨小葵，2016，《基于大数据的领导干部廉政监督机制研究》，《国家行政学院学报》第 6 期，第 22~27 页。

韩娜娜，2019，《中国省级政府网上政务服务能力的生成逻辑及模式——基于 31 省数据的模糊集定性比较分析》，《公共行政评论》第 4 期，第 82~100、191~192 页。

韩伟，2014，《涉腐网络舆论之蝴蝶效应：兴起、原因及因应——以 2013 年五个网络案例为中心》，《社会科学论坛》第 12 期，第 192~200 页。

郝文强、孟雪，2021，《应急情境下政府开放数据质量的影响因素与组态分析——基于新冠疫情期间省级数据的实证研究》，《情报杂志》第 11 期，第 8 页。

何增科，2003，《中国转型期腐败和反腐败问题研究（上篇）》，《经济社会体制比较》第 1 期，第 19~29 页。

贺睿、刘叶婷，2013，《我国公共数据开放的程度、问题及建议》，《领导科学》第 29 期，第 63~64 页。

洪宇、任建明，2013，《智能预防腐败系统建设思路初探》，《广州大学学报》（社会科学版）第 10 期，第 10~14 页。

胡鞍钢、过勇，2001，《转型期防治腐败的综合战略与制度设计》，《管理世界》第 6 期，第 44~55 页。

胡鞍钢、过勇，2002，《公务员腐败成本—收益的经济学分析》，《经济社会体制比较》第 4 期，第 13~16 页。

胡小明，2015，《从政府信息公开到政府数据开放》，《电子政务》第 1 期，第 67~72 页。

胡业飞、田时雨，2019，《政府数据开放的有偿模式辨析：合法性根基与执行路径选择》，《中国行政管理》第 1 期，第 30~36 页。

黄璜，2018，《对"数据流动"的治理——论政府数据治理的理论嬗变与框架》，《南京社会科学》第 2 期，第 53~62 页。

黄璜、赵倩、张锐昕，2016，《论政府数据开放与信息公开——对现有观点的反思与重构》，《中国行政管理》第 11 期。

黄如花、赖彤，2018，《数据生命周期视角下我国政府数据开放的障碍研究》，《情报理论与实践》第 2 期，第 7 页。

黄如花、李楠，2016，《国外政府数据开放许可协议采用情况的调查与分析》，《图书情报工作》第 13 期，第 5~12 页。

黄威威，2017，《制度为本、技术为器：基于"互联网+"条件下的协同反腐模式创新》，《领导科学》第 17 期，第 9~11 页。

焦海洋，2017，《中国政府数据开放共享的正当性辨析》，《电子政务》第 5 期，第 19~27 页。

乐云、张兵、关贤军，2013，《基于生存分析的腐败潜伏时间研究》，《上海管理科学》第 1 期，第 4 页。

雷玉琼、刘展余，2020，《突发公共卫生事件中的网络问政：诉求与回应——基于新冠疫情期间"地方领导留言板"的数据分析》，《电子政务》第 10 期，第 12 页。

雷玉琼、苏艳红，2020，《地方政府数据开放平台发展模式及绩效差异》，《中国行政管理》第 12 期，第 40~46 页。

李传军、符丽丽、刘伟，2014，《公民参与视角下的网络反腐研究——基于 2008—2012 年网络反腐典型案件的分析》，《电子政务》第 1 期，第 9 页。

李后强、李贤彬，2015，《大数据时代腐败防治机制创新研究》，《社会科学研究》第 1 期，第 29~36 页。

李莉、孟天广，2019，《公众网络反腐败参与研究——以全国网络问政平台的大数据分析为例》，《中国行政管理》第 1 期，第 8 页。

李梅、张毅、杨奕，2018，《政府数据开放影响因素的关系结构分析》，《情报科学》第 4 期，第 6 页。

李平，2016，《开放政府视野下的政府数据开放机制及策略研究》，《电子政务》第 1 期，第 80~87 页。

李卫东、徐晓林，2004，《电子政务：治理腐败的有效手段》，《科技进步与对策》第 11 期，第 132~133 页。

李燕凌、吴松江、胡扬名，2011，《我国近年来反腐败问题研究综述》，《中国行政管理》第 11 期，第 115~119 页。

李重照、黄璜，2019，《中国地方政府数据共享的影响因素研究》，《中国行政管理》第 8 期，第 47~54 页。

刘成，2018，《省级政府数据开放共享政策动态扩散分析》，《电子政务》第 9 期，第 10 页。

刘淑妍，2016，《大数据时代政府决策机制的变革》，《领导科学》第 10 期。

刘淑妍、王湖蓝，2021，《TOE 框架下地方政府数据开放制度绩效评价与路径生成研究——基于 20 省数据的模糊集定性比较分析》，《中国行政管理》第 9 期，第 34~41 页。

刘新萍、袁佳蕾、郑磊，2019，《地方政府数据开放准备度研究：框架与发现》，《电子政务》第 9 期，第 2~11 页。

吕铁、贺俊，2019，《政府干预何以有效：对中国高铁技术赶超的调查研究》，《管理世界》第 9 期，第 13 页。

马亮，2015，《大数据技术何以创新公共治理？——新加坡智慧国案例研究》，《电子政务》第 5 期。

马庆钰，2002，《关于腐败的文化分析》，《中国人民大学学报》第 6 期，第 60~61 页。

门理想、王丛虎，2021，《中国地方政府数据开放建设成效影响因素探究——基于生态系统理论框架》，《现代情报》第 2 期，第 152～161 页。

孟庆国，2016，《云上贵州：贵州省大数据发展探索与实践》，北京：清华大学出版社。

倪千淼，2021，《政府数据开放共享的法治难题与化解之策》，《西南民族大学学报》（人文社会科学版）第 1 期，第 82～87 页。

潘楚雄，2014，《"大数据"时代背景下海关廉政治理能力现代化初探》，《海关与经贸研究》第 2 期，第 57～60 页。

彭文龙、郑智斌，2015，《国家治理能力建设视野下的网络反腐三题》，《理论导刊》第 6 期，第 32～35 页。

齐杏发，2013，《网络反腐的政治学思考》，《政治学研究》第 1 期，第 11 页。

沈亚平、许博雅，2014，《"大数据"时代政府数据开放制度建设路径研究》，《四川大学学报》（哲学社会科学版）第 5 期，第 111～118 页。

宋为、佘廉，2011，《新时期我国腐败现象与网络反腐探讨》，《政治学研究》第 2 期，第 84～90 页。

孙艳艳、吕志坚，2015，《中国开放政府数据发展策略浅析》，《电子政务》第 5 期，第 18～24 页。

谭海波、张楠，2016，《政府数据开放：历史、价值与路径》，《学术论坛》第 6 期，第 31～34 页。

谭军，2016，《基于 TOE 理论架构的开放政府数据阻碍因素分析》，《情报杂志》第 8 期，第 175～178 页。

汤志伟、郭雨晖、顾金周，2018，《创新扩散视角下政府数据开放平台发展水平研究：基于全国 18 个地方政府的实证分析》，《图书馆理论与实践》第 6 期，第 1～7 页。

王丛虎，2006，《开放政府论》，《河南社会科学》第 4 期，第 5～8 页。

王法硕、项佳囡，2021，《中国地方政府数据开放政策扩散影响因素研究——基于 283 个地级市数据的事件史分析》，《情报杂志》第 11 期，第 113～120 页。

王林川、寿志勤、吴慈生，2022，《政府数据开放平台服务绩效评价指标体系研究：基于公共价值视角》，《中国行政管理》第 1 期，第 8 页。

王卫、王晶、张梦君，2019，《基于数据生命周期的政府数据开放平台框架构建研究》，《图书馆理论与实践》第 3 期，第 6 页。

王卫、王晶、张梦君，2020，《生态系统视角下开放政府数据价值实现影响因素分析》，《图书馆理论与实践》第 1 期。

王翔、刘冬梅、李斌，2018，《我国公共数据开放的促进与阻碍因素——基于交通运输部"出行云"平台的案例研究》，《电子政务》第 9 期，第 13 页。

王翔、郑磊，2019，《面向数据开放的地方政府数据治理：问题与路径》，《电子政务》第 2 期，第 27~33 页。

王晓冬，2021，《我国公共数据开放面临的问题及对策》，《中国经贸导刊（中）》第 10 期，第 78~79 页。

王秀梅、司伟攀，2021，《我国公众参与反腐的碎片化及其完善》，《北京师范大学学报》（社会科学版）第 3 期，第 9 页。

魏志荣、赵兴华，2021，《"互联网+政务服务"创新扩散的事件史分析——以省级一体化网上政务服务平台建设为例》，《湖北社会科学》第 1 期，第 10 页。

吴金鹏、韩啸，2019，《制度环境、府际竞争与开放政府数据政策扩散研究》，《现代情报》第 3 期，第 9 页。

夏义堃，2015，《国际组织开放政府数据评估方法的比较与分析》，《图书情报工作》第 19 期，第 75~83 页。

夏义堃、丁念，2015，《开放政府数据的发展及其对政府信息活动的影响》，《情报理论与实践》第 12 期，第 1~6、19 页。

肖生福，2012，《"网络反腐"中媒体、民意与政府的互动分析》，《广州大学学报》（社会科学版）第 11 期，第 11~17 页。

徐琳，2014，《中国网络反腐的行为机制、功能和限度》，《甘肃社会科学》第 1 期，第 4 页。

于风政，2003，《论"腐败"的定义》，《新视野》第 5 期，第 40~42 页。

余奕昊、李卫东，2018，《我国地方政府数据开放平台现状、问题及优化策略——基于 10 个地方政府数据开放平台的研究》，《电子政务》第

10 期，第 16 页。

袁方，2013，《社会研究方法教程》，北京大学出版社。

张成福，2014，《开放政府论》，《中国人民大学学报》第 3 期，第 11 页。

张建彬、黄秉青、隽永龙、张明江、周志峰，2017，《政府数据开放网站的个人隐私保护政策比较研究》，《知识管理论坛》第 5 期。

张楠，2015，《公共衍生大数据分析与政府决策过程重构：理论演进与研究展望》，《中国行政管理》第 10 期。

张锐昕、刘红波，2010，《电子政务反腐败的潜力挖掘及其策略选择》，《中国行政管理》第 9 期，第 77~80 页。

张廷君、曹慧琴，2019，《地方政府数据开放平台发展模式及影响因素分析》，《电子政务》第 4 期，第 13 页。

张亚明、李苗、刘海鸥，2011，《中国网络反腐体系构建与路径选择》，《理论探讨》第 1 期，第 124~128 页。

张妍、赵宇翔、刘周颖，2022，《数字人文领域创意类开放数据竞赛价值共创的影响因素——以上海图书馆开放数据竞赛为例》，《图书馆论坛》第 3 期，第 75~85 页。

张勇进，2016，《我国地方政府数据开放现状研究》，《中国行政管理》第 11 期。

张孜仪，2014，《房地产领域腐败影响因素实证研究》，《湖北社会科学》第 12 期，第 7 页。

张子良、马海群，2016，《我国政府数据开放平台利用效果比较研究》，《数字图书馆论坛》第 6 期，第 8~15 页。

赵雪娇、张楠、孟庆国，2017，《基于开放政府数据的腐败防治：英国的实践与启示》，《公共行政评论》第 1 期，第 74~90 页。

赵宇、张凯晨，2015，《大数据在境外追逃中的应用》，《中国人民公安大学学报》（自然科学版）第 2 期，第 33~37 页。

郑磊，2015，《开放政府数据研究：概念辨析、关键因素及其互动关系》，《中国行政管理》第 11 期，第 13~18 页。

郑磊，2018a，《开放的数林：政府数据开放的中国故事》，上海：上海人民出版社，第 36 页。

郑磊，2018b，《开放不等于公开、共享和交易：政府数据开放与相近概念的界定与辨析》，《南京社会科学》第9期，第83~91页。

郑磊、高丰，2015，《中国开放政府数据平台研究：框架、现状与建议》，《电子政务》第7期，第8~16页。

周军杰，2014，《需求导向的中国政府数据开放研究》，《电子政务》第12期，第61~67页。

朱春奎、童佩珊、陈彦桦，2021，《公务员推动政府数据开放意愿的影响因素——基于TAM和TPB整合模型的经验研究》，《行政论坛》第5期，第44~50页。

朱春奎、童佩珊、陈彦桦，2022，《基于TAM和BRA整合模型的政府数据开放意愿与行为研究》，《山东大学学报》（哲学社会科学版）第2期，第68~78页。

朱红灿、沈超，2021，《认知视角下科研用户政府开放数据利用影响因素研究——基于扎根理论的探索性分析》，《现代情报》第10期，第8页。

Abu-Shanab, Emad A. 2015. "Reengineering the open government concept: An empirical support for a proposed model." *Government Information Quarterly* 32 (4): 453-463.

Aceves R. G. 2017. Open Up Guide: Using Open Data to Combat Corruption. Open Contracting Partnership; Open Data for development network; Transparencia Mexicana.

Alexopoulos, C., Loukis, E., Charalabidis, Y., & Tagkopoulos, I. 2012. "A Methodology for Evaluating PSI E-infrastructures Based on Multiple Value Models." *IEEE* 27-43.

Anti-corruption Working Group. 2015. G20 Anti-Corruption Open Data Principles. [2022-08-10]. http://www.g20.utoronto.ca/2015/G20-Anti-Corruption-Open-Data-Principles.pdf.

Arellano, M., & Bond, S. 1991. "Some Tests of Specification for Panel Data: Monte Carlo Evidence and an Application to Employment Equations." *The Review of Economic Studies* 58: 277-297.

Attard, J., Orlandi, F., Scerri, S., & Auer, S. 2015. "A Systematic Review of Open Government Data Initiatives. " *Government Information Quarterly* 32: 399-418.

Baltagi, B. H. 2005. *Econometric Analysis of Panel Data*, New York: J. Wiley & Sons.

Bardhan, P. 1997. "Corruption and Development: A Review of Issues. " *Journal of Economic Literature* 35: 1320-1346.

Barreto, I. , & Baden-Fuller, C. 2006. "To Conform or to Perform? Mimetic Behaviour, Legitimacy-Based Groups and Performance Consequences. " *Journal of Management Studies* 43: 1559-1581.

Bates, J. 2012. "This is what modern deregulation looks like: co-optation and contestation inthe shaping the UK's Open Government Data Initiative. " *Journal of Community Informatics* 2. http://www. ci-journal. net/index. php/ciej/article/view/845/916.

Bhatnagar, S. 2003. "E-Governmentand Access to Information. " In International T (ed.), *Global Corruption Report* 2003: *Access to Information*. Transparency International.

Breusch, T. S. , & Pagan, A. R. 1980. "The Lagrange Multiplier Test and its Applications to Model Specification in Econometrics. " *Review of Economic Studies* 47: 239-253.

Brunetti, A. , & Weder, B. 2003. "A Free Pressis Bad News for Corruption. " *Journal of Public Economics* 87: 1801-1824.

Chang, E. C. C. , & Golden, M. A. 2007. "Electoral Systems, District Magnitude and Corruption. " *British Journal of Political Science* 37: 115-137.

Cho, Y. H. , & Choi, B. D. 2004. "E-government to combat corruption: The case of Seoul Metropolitan Government. " *International Journal of Public Administration* 10: 719-735.

Creswell, J. W. , & Plano Clark, V. L. 2007. *Designing and Conducting Mixed Methods Research*. Thousand Oaks, CA: Sage.

Damania, R. , Fredriksson, P. G. , & Mani, M. 2004. "The Persistence of Corruption and Regulatory Compliance Failures: Theory and Evidence. "

Public Choice 121: 363-390.

David-Barrett, E., Heywood, P. M., & Theodorakis, N. 2015. Towards a European Strategy to Reduce Corruption by Enhancing the Use of Open Data: United Kingdom. Torri di Quartesolo: RiSSC (Research Centre on Security and Crime).

Davies, T., & Perini, F. 2016. "Researchingthe Emerging Impacts of Open Data: Revisiting the Oddc Conceptual Framework." *The Journal of Community Informatics* 12.

Elbahnasawy, N. G., & Revier, C. F. 2012. "The Determinants of Corruption: Cross-Country Panel Data Analysis." *The Developing Economies* 50: 311-333.

Elbahnasawy, N. G. 2014. "E-Government, Internet Adoption, and Corruption: An Empirical Investigation." *World Development* 57 (Supplement C): 114-126.

Eom, T. H., Lee, S., & Xu, H. 2007. "Introduction to Panel Data Analysis: Concepts and Practices." In J. Miller & K. Yang (eds.), *Handbook of Research Methods in Public Administration*. New York: Taylor & Francis Group.

Fan, B., & Zhao, Y. 2017. "The Moderating Effectof External Pressure on the Relationship Between Internal Organizational Factors and the Quality of Open Government Data." *Government Information Quarterly* 34: 396-405.

Feeney, M. K., Fusi, F., Camarena, L., & Zhang, F. 2020. "Towards More Digital Cities? Change In Technology Useand Perceptions Across Small and Medium-Sized Us Cities." *Local Government Studies* 46: 820-845.

Fisman, R., & Gatti, R. 2002. "Decentralizationand Corruption: Evidence Across Countries." *Journal of Public Economics* 83: 325-345.

Fung, A., & Weil, D. 2010. "Open Government and Open Society." In D. Lathrop & L. Ruma (eds.), *Open Government: Collaboration, Transparency, and Participation in Practice*. New York: O'Reilly Media, 105-114.

Fusi, F., & Feeney, M. 2020. "Data Sharingin Small and Medium Us Cities: The Role of Community Characteristics." *Public Administration* 98: 922-

940.

Gartner. 2017. Gartner Information Technology Glossary: Big Data. [2022 - 08 - 11]. https://www. gartner. com/en/information-technology/glossary/big-data.

George, A. L. , & Bennett, A. 2005. *Case Studies and Theory Development in the Social Sciences*. MIT Press.

Gerring, J. 2004. "What is a Case Study and What is It Good for?" *American Political Science Review* 98: 02, 34.

Greene W H. 2011. *Econometric Analysis*. Boston: Prentice Hall.

Grimmelikhuijsen, S. G. , & Feeney, M. K. 2017. "Developing and Testing an Integrative Framework for Open Government Adoption in Local Governments. " *Public Administration Review* 77: 579-590.

Gujarati, D. N. 2004. *Basic econometrics*. New York: McGraw Hill.

Gurstein, M. 2011. "Open Data: Empowering The Empowered Or Effective Data Use For Everyone?" *First Monday* 16.

Gwanhoo, L. , & Young, H. K. 2012. "An Open Government Maturity Model for Social Media-Based Public Engagement. " *Government Information Quarterly* (29): 492-503.

Herzfeld, T. , & Weiss, C. 2003. "Corruption and Legal (In) Effectiveness: An Empirical Investigation. " *European Journal of Political Economy* 19: 621-632.

Huberman, A. M. , & Miles, M. B. 1994. "Qualitative Data Analysis: An Expanded Source Book. " *Journal of Environmental Psychology* 14: 4.

International Open Data Charter. Principles. [2022 - 08 - 10]. https://opendatacharter. net/principles/.

Janssen, M. , Charalabidis, Y. , & Zuiderwijk, A. 2012. "Benefits, Adoption Barriers and Myths of Open Data and Open Government. " *Information Systems Management* 29: 4, 258-268.

Jin, L. , & Hui-Ju, W. 2016. "Adoption of Open Government Data Among Government Agencies. " *Government Information Quarterly* 1: 80-88.

Judge, G. G. , Hill, R. C. , Griffiths, W. E. , Lutkepohl, H. , &Lee, T. C.

1985. *Introduction to the theory and practice of econometrics*. New York：John Wiley & Sons.

Kassen, M. 2013. "A Promising Phenomenon of Open Data：A Case Study of The Chicago Open Data Project. " *Government Information Quarterly* 30：4, 508-513.

Kim, S. , Kim, H. J. , & Lee, H. 2009. "An institutional analysis of ane-government system for anti-corruption：The case of OPEN. " *Government Information Quarterly* 26：42-50.

Kitchin R. 2013. Four Critiques of Open Data Initiatives The Programmable City. [2022-08-11]. https：//progcity. maynoothuniversity. ie/2013/11/four-critiques-of-open-data-initiatives/.

Klitgaard, R. 1988. *Controlling Corruption. Berkeley*. CA：University of California Press.

Klitgaard, R. 2006. "Introduction：Subverting Corruption. " *Global Crime* 7：299-307.

Kornberger, M. , Meyer, R. E. , Brandtner, C. , & Höllerer, M. A. 2017. "When Bureaucracy Meets the Crowd：Studying 'Open Government' in the Vienna City administration. " *Organization Studies* 38：179-200.

La Porta, R. , Lopez-De-Silanes, F. , Shleifer, A. , & Vishny, R. 1999. "The Quality of Government. " *Journal of Law, Economics, and Organization* 15：222-279.

Lederman, D. , Loayza, N. V. , & Soares, R. R. 2005. "Accountability and Corruption：Political Institutions Matter. " *Economics & Politics* 17：1-35.

Lee, G. , & Kwak, Y. H. 2012. "An Open Government Maturity Model for Social Media-Based Public Engagement. " *Government Information Quarterly* 29：492-503.

Lee, M. H. , & Lio, M. C. 2016. "The Impact of Information and Communication Technology on Public Governance and Corruption in China. " *Information Development* 32：127-141.

Lieberman, E. S. 2005. "Nested Analysis as a Mixed-Method Strategy for Comparative Research. " *American Political Science Review* 99: 435-452.

Lindstedt, C. , & Naurin, D. 2010. " Transparency is not Enough: Making Transparency Effective in Reducing Corruption. " *International Political Science Review* 31: 301-322.

Lio, M. C. , Liu, M. C. , & Ou, Y. P. 2011. " Can the Internet Reduce Corruption? A Cross-Country Study Based on Dynamic Panel Data Models. " *Government Information Quarterly* 28: 47-53.

Manyika, J. , Chui, M. , Farrell, D. , Kuiken, S. , Groves, P. , & Doshi, E. 2013. Open Data: Unlocking Innovation and Performance With Liquid Information. [2024-04-15]. https://www. mckinsey. com/~/media/McKinsey/Business%20Functions/McKinsey%20Digital/Our%20Insights/Open%20data%20Unlocking%20innovation%20and%20performance%20with%20liquid%20information/MGI_Open_data_FullReport_Oct2013. ashx.

Mária, Žuffová. 2020. " Do FOI laws and open government data deliver as anti-corruption policies? Evidence from a cross-country study. " *Government Information Quarterly* 37: 480-507.

Martin, P. 2001. "Corruption and Religion: Adding to the Economic Model. " *Kyklos* 54: 383-413.

Mauro, P. 1995. "Corruption and Growth. " *The Quarterly Journal of Economics* 110: 681-712.

McDermott, P. 2010. " Building Open Government. " *Government Information Quarterly* 27: 401-413.

Meijer, A. , & Potjer, S. 2018. "Citizen-Generated Open Data: An Explorative Analysis Of 25 Cases. " *Government Information Quarterly* 35: 613-621.

Meijer, A. 2018. "Datapolis: A Public Governance Perspective on 'Smart Cities' . " *Perspectives on Public Management and Governance* 1: 195-206.

National Science Foundation. 2012. Core Techniques and Technologies for Advancing Big Data Science & Engineering (BIGDATA). [2022-08-11]. https://www. nsf. gov/events/event_summ. jsp? cntn_id=124058&org=CISE.

Norris, D. F. , & Moon, M. J. 2005. "Advancing E-Government at the Grassroots: Tortoise or Hare?" *Public Administration Review* 65: 64-75.

Nye, J. S. 1967. "Corruption and Political Development: A Cost-Benefit Analysis." *The American Political Science Review* 61: 417-427.

OECD. 2003. Open Government: Fostering Dialogue with Civil Society. [2024-04-15]. https://www. oecd-ilibrary. org/governance/open-government_9789264019959-en.

Open Data Charter. 2023. International Open Data Charter. [2024-05-27]. https: //opendatacharter. org/wp-content/uploads/2023/12/opendatacharter-charter_ F. pdf.

Open Government Working Group. 2007. The 8 Principles of Open Government Data (OpenGovData. org). [2022-08-11]. https://opengovdata. org/.

Osborne, D. E., & Gaebler, T. A. 1992. *Reinventing Government: How the Entrepreneurial Spirit is Transforming The Public Sector.* Reading, MA: Addison-Wesley Publishing Company.

Paldam, M. 2001. "Corruption and Religion: Adding to the Economic Model." *Kyklos* 54: 383-413.

Park, H. 2003. "Determinants of Corruption: A Cross-National Analysis." *Multinational Business Review* (*St. Louis University*) 11: 29.

Persson, T., Tabellini, G., & Trebbi, F. 2003. "Electoral Rules and Corruption." *Journal of the European Economic Association* 1: 958-989.

Pew Research Center. 2015. Americans' Views on Open Government Data.

Rose-Ackerman, S. 1999. *Corruption and Government: Causes, Consequences, and Reform.* Cambridge University Press.

Segato, L. 2015. Revolution Delayed: The Impact of Open Data on the Fight against Corruption. RiSSC-Research Centre on Security and Crime.

Serra, D. 2006. "Empirical Determinants of Corruption: A Sensitivity Analysis." *Public Choice* 126: 225-256.

Shim, D. C., & Eom, T. H. 2008. "E-Government and Anti-Corruption: Empirical Analysis of International Data." *International Journal of Public Administration* 31: 298-316.

Silva, M. 2017. The Biggest Loophole in The Commission's Lobby Transparency Efforts www. euractiv. com. (2017-11-28) [2022-08-18]. https://www. euractiv. com/section/politics/opinion/the-biggest-loophole-in-the-commissions-lobby-transparency-efforts/.

Sipos, G. 2015a. Open Data to Fight Corruption Case Study: Slovakia's Health Sector. Transparency International.

Sipos, G. 2015b. Slovakia's New Transparency Law Has the Rest of Europe Playing Catch-Up. [2022-08-18]. https://www. opensocietyfoundations. org/voices/once-riddled-corruption-slovakia-sets-new-standard-transparency.

Solar, M., Meijueiro, L., & Daniels, F. 2013. "A Guide to Implement Open Data in Public Agencies." In Wimmer, M. A., Janssen, M., & Scholl, H. J. (eds.) *Electronic Government. EGOV 2013. Lecture Notes in Computer Science*, vol 8074. Springer, Berlin, Heidelberg. https://doi. org/10. 1007/978-3-642-40358-3_7.

Srivastava, S. C., Teo, T. S. H., & Devaraj, S. 2016. "You Can't Bribe a Computer: Dealing with the Societal Challenge of Corruption through ICT." *MIS Quarterly* 40: 511-526.

Sun, Y., & Johnston, M. 2009. "Does Democracy Check Corruption? Insights from China and India." *Comparative Politics* 42: 1-19.

Svensson, J. 2005. "Eight Questions about Corruption." *The Journal of Economic Perspectives* 19: 19-42.

Swamy, A., Knack, S., Lee, Y., & Azfar, O. 2001. "Gender and Corruption." *Journal of Development Economics* 64: 25-55.

The World Wide Web Foundation. 2017. Open Data Barometer 4th Edition—Global Report. [2022-08-14]. http://opendatabarometer. org/doc/4thEdition/ODB-4thEdition-GlobalReport. pdf.

Tolbert, C. J., & Mossberger, K. 2006. "The Effects of E-Government on Trust and Confidence in Government." *Public Administration Review* 66: 354-369.

Transparency International EU. 2017. Additional Information on the Commission Meetings, Parliament Meetings and Eu Lobbyists Tools. [2022-08-01].

https：∥www. integritywatch. eu/about.

Transparency International Lithuania. 2016. Open Data to Fight Corruption Case Study：Lithuania's Judiciary. [2022−08−16]. https：∥www. transparency. org/ en/publications/open-data-to-fight-corruption-case-study-lithuanias-judiciary.

Transparency International Slovakia. 2015. Not in Force Until Published Online： What the Radical Transparency Regime of Public Contracts Achieved in Slovakia. [2022−08−16]. http：∥transparency. sk/wp-content/uploads/2015/ 05/Open-Contracts. pdf.

Treisman, D. 2000. "The Causes of Corruption：A Cross-National Study." *Journal of Public Economics* 76：399−457.

Treisman, D. 2014. "What Does Cross-National Empirical Research Reveal about the Causes Of Corruption?" In Heywood, P. (ed.), *Routledge Handbook of Political Corruption*. Routledge：95−109.

Ugur, M. , & Dasgupta, N. 2011. *Evidence on the Economic Growth Impacts of Corruption in Low-Income Countries and Beyond：A Systematic Review*. London：EPPI-Centre, Social Science Research Unit, Institute of Education, University of London.

United Nations. 2014. United Nations E-Government Survey 2014：E-Government for the Future We Want. http：∥desapublications. un. org/publications/un-e-government-survey−2014.

Vrushi, J. , & Hodess, R. 2017. Connecting the Dots：Building the Case for Open Data to Fight Corruption. Transparency International.

Wang, H. , & Lo, J. 2016. "Adoption of Open Government Data Among Government Agencies." *Government Information Quarterly* 33：80−88.

Wang, V. , & Shepherd, D. 2020. "Exploring the Extent of Openness of Open Government Data—A Critique of Open Government Datasets in theUK. " *Government Information Quarterly* 37 (1)：101405.

World Bank. 2015. Part B：Open Data Readiness Assessment Methodology. http：∥ opendatatoolkit. worldbank. org/docs/odra/odra_ v3. 1_ methodology-en. pdf.

World Economic Forum. 2010. The Global Competitiveness Report 2010−2011.

https://www3. weforum. org/docs/WEF _ GlobalCompetitivenessReport _ 2010 - 11. pdf.

Worthy, B. 2015. "The Impact of Open Data in theUK: Complex, Unpredictable, and Political. " *Public Administration* 93: 788-805.

Yang, T. , Lo, J. , & Jing, S. 2015. "To open or not to open? Determinants of open government data. " *Journal of Information Science* 41: 596-612.

Yang, T. , & Wu, Y. 2016. "Examining the Socio-Technical Determinants Influencing Government Agencies' Open Data Publication: A Study in Taiwan. " *Government Information Quarterly* 33: 378-392.

Yin, R. K. 2003. *Case Study Research: Design and Methods.* SAGE Publications.

Zhang, F. , & Feeney, M. K. 2019. "Engaging Through Technology: The Role of Administrative Culture and Mandates. " *Public Management Review* 22: 1423-1442.

Zhang, Y. , & Kim, M. H. 2018. "Do Public Corruption Convictions Influence Citizens' Trust in Government? The Answer Might Not Be a Simple Yes or No. " *The American Review of Public Administration* 48: 685-698.

Zhao, X. , & Xu, H. D. 2015. "E-Government and Corruption: A Longitudinal Analysis of Countries. " *International Journal of Public Administration* 38: 410-421.

Zhu, L. 2013. "Panel Data Analysis in Public Administration: Substantive and Statistical Considerations. " *Journal of Public Administration Research and Theory* 23: 395-428.

Zicari B. 2014. BIG DATA: SEIZING OPPORTUNITIES, PRESERVING VALUES-ODBMS. org. [2022 - 08 - 11]. http://www. odbms. org/2014/05/big-data-seizing-opportunities-preserving-values/.

Zuiderwijk, A. , Jassen, M. , & Dwivedi, Y. K. 2015. "Acceptance and Use Predictors of Open Data Technologies: Drawing upon the Unified Theory of Acceptance and Use of Technology. " *Government Information Quarterly* 32: 429-440.

附录 A 调查问卷

公众篇问卷

尊敬的先生/女士：

您好！

我们是开放数据课题组，正在进行一项社会调查。现阶段，我国反腐败形势依然严峻，而全球开放政府数据运动为科学有效地防治腐败提供了新的思路和方向，本次调查的目的是了解公众对于开放政府数据及其腐败防治作用的态度和看法。此次调研基于国家社会科学基金青年项目"开放政府数据对腐败的防治作用及对策研究"（项目编号：17CZZ051），您的支持对我们具有十分重要的意义。

本次调查严格按照《中华人民共和国统计法》的要求进行，采用匿名的方式，请您根据内心的真实想法回答问题。我们向您保证该问卷数据信息只用于科学研究。

祝您工作顺利，生活愉快！

开放数据课题组

填表说明：

1. 在填写问卷之前，恳请您务必阅读"封面信"和本说明。

2. 请在每一个问题后选择适合自己情况的答案，或者在_____处填上适当的内容。

3. 请您在填写问卷的过程中不要与他人商量。

4. 所有答案没有对错之分，您只需根据自己的真实情况和第一感觉填写即可。

一　基本信息

1. 您的性别：[单选题] *

○男　　　　　　○女

2. 您的年龄（周岁）：[填空题] *

_____

3. 您所在的省份：[单选题] *

○北京

○天津

○河北

○山西

○内蒙古

○辽宁

○吉林

○黑龙江

○上海

○江苏

○浙江

○安徽

○福建

○江西

○山东

○河南

○湖北

○湖南

○广东

○广西

○海南

○重庆

○四川

○贵州

○云南

○西藏

○陕西

○甘肃

○青海

○宁夏

○新疆

○中国香港

○中国澳门

○中国台湾

4. 您的学历：［单选题］*

○小学及以下

○初中

○中专或高中

○大专

○本科

○硕士

○博士

5. 您目前从事的职业：［单选题］*

○全日制学生

○生产人员

○销售人员

○市场/公关人员

○客服人员

○行政/后勤人员

○人力资源

○财务/审计人员

○文职/办事人员

○技术/研发人员

○管理人员

○教师

○顾问/咨询

○专业人士（如会计师、律师、建筑师、医护人员、记者等）

○其他

6. 您的政治面貌：［单选题］*

○群众

○共青团员

○中共党员

○其他党派人士，请填写党派名称 _____ *

二 开放政府数据的内涵

7. 您是否听说过开放政府数据？［单选题］*

○是

○否（请跳至第 15 题）

8. 我国目前是否有全国统一的开放政府数据网站或平台？［单选题］*

○是

○否

○不清楚

9. 您是否使用过政府数据开放平台或网站？［单选题］*

○是

○否（请跳至第 11 题）

10. 您使用这一平台的原因是什么？［多选题］*

□科研使用

□比赛使用

□工作需要

□个人兴趣

□其他 ＿＿＿＿＿＿＿ *

11. 您是通过以下哪些渠道了解到开放政府数据的？［多选题］*

□政府门户网站

□电视、广播等新闻报道

□微博、知乎、微信公众号等自媒体宣传

□他人介绍

□工作需要

□学术期刊、论文

□其他 ＿＿＿＿＿＿＿ *

12. 您觉得"政府数据开放"和"政府信息公开"是否有区别？［单选题］*

○是

○否（请跳至第 14 题）

13. 政府数据开放与政府信息公开的区别在于：［多选题］*

□开放政府数据开放的是一手的、可下载、可重复利用的数据，政府信息公开的大多数是二手的、经过统计或编辑的信息、文本

□政府信息公开的多是一手的、可下载、可重复利用的数据，开放政府数据开放的是二手的、经过统计或编辑的信息、文本

□政府信息公开更注重保护公众的知情权

□开放政府数据更注重对数据的利用

14. 您觉得开放政府数据需要具备哪些特征？［多选题］*

□完整性：除非涉及国家安全、商业机密、个人隐私或其他特别限制，所有的政府数据都应开放

□一手性：开放从源头采集到的一手数据，而不是被修改或加工过的数据

□及时性：在第一时间发布和更新数据

□可获取性：数据可被获取，并尽可能地扩大用户范围和利用种类

□可机读性：数据可被计算机自动抓取和处理

□非歧视性：数据对所有人都平等开放，不需要特别登记

□非私有：任何实体都不得排除他人使用数据的权利

□免于授权：数据不受版权、专利、商标或贸易保密规则的约束或已得到授权使用（除非涉及国家安全、商业机密、个人隐私或特别限制）

□其他 _____ *

三 开放政府数据的作用

在继续作答之前，请您仔细阅读以下说明：

A. **开放数据定义**：具备必要的技术和法律特性，从而能被任何人、在任何时间和任何地点进行自由利用、再利用和分发的电子数据。**技术特性**是指以可机读标准格式开放（例如，xls, csv, rdf, lod, 非 pdf）；**法律特性**是指不受限制地明确允许商业和非商业利用和再利用。

B. **开放政府数据与政府信息公开不同**。在**开放层面**上，数据是一手的原始记录，未经加工与解读，而信息是经过连接、加工或解读之后被赋予了意义的数据；在**开放目的**上，政府信息公开强调公众的知情权，公开的大多是文件或经过整合分析后的统计数据；政府数据开放除满足公众的知情权外，还强调数据的应用和创新，因而要求开放未经过加工的、可机读的、可下载的原始数据。

15. 您认为开放政府数据对于社会发展有作用吗？［单选题］*

○有作用

○没有作用（请跳至第 17 题）

16. 您觉得开放政府数据最有可能起到以下哪两种作用？［多选题］*

□提高政府透明度和责任感

□促进创新创业和经济发展

□促进公众参与

□其他 _____ *

17. 您认为开放政府数据对防治腐败有作用吗？［单选题］*

○有

○没有（请跳至第 19 题）

18. 您觉得开放政府数据对防治腐败最可能会起到以下哪两种作用？［多选题］*

□提高公共部门透明度，增加腐败的成本，抑制人的腐败动机和行为

□识别潜在的腐败风险，发出腐败预警

□提供腐败证据，促进腐败案件的有效侦破和查处

□增强公众利用开放数据监督腐败行为的意识

□其他 _____ *

四 如何通过开放政府数据防治腐败

19. 您最希望通过何种渠道了解开放政府数据的相关信息？［单选题］*

○政府数据开放网站

○微博、知乎、微信公众号

○政府数据开放 APP

○档案馆、图书馆

○电视、广播

○其他 _____ *

20. 您是否相信政府开放的数据是未经处理的一手数据？［单选题］*

○相信

○不相信

21. 您是否愿意参与通过开放政府数据防治腐败的工作（例如通过分析、比对政府开放平台上的数据从而发现腐败线索）？［单选题］*

○愿意

○不愿意

22. 您希望以何种方式参与通过开放政府数据防治腐败的工作？［单选题］*

○实名制

○匿名制

○自主选择是否匿名

23. 您是否能够运用统计方法分析获取的数据（例如利用 SPSS、STA-TA、R 等软件分析数据）？［单选题］*

○非常熟练

○比较熟练

○比较不熟练

○暂不会使用

24. 您是否能够编写程序自动抓取公开数据（例如利用 Python、JAVA 等语言编程抓取开放数据）？［单选题］*

○非常熟练

○比较熟练

○比较不熟练

○暂不会使用

25. 您认为以下哪 4 类数据的开放对防治腐败最重要？［多选题］*

□企业注册信息

□公职人员名录

□政府预算数据

□政府支出数据

□公共采购数据

□会议记录数据

□房地产交易数据

□其他 _____*

26. 您认为通过开放政府数据进行腐败防治最需要注意哪 3 个问题？［多选题］*

□开放的数据数量少

□开放的数据质量较差

□开放平台不完善

□个人信息泄露

□国家安全数据泄密

□政府工作人员不支持

□公众参与率低

□其他 _____*

27. 您认为以下哪 3 个选项最有助于开放政府数据防治腐败作用的发挥？［多选题］*

□加强开放政府数据的相关宣传和培训，促进公众参与

□出台相关法律、政策

□建立通过开放政府数据防治腐败的专门机构

□领导大力支持

□其他 _____ *

公共部门篇问卷

尊敬的先生/女士：

您好！

我们是开放数据课题组，正在进行一项社会调查。现阶段，我国反腐败形势依然严峻，而全球开放政府数据运动为科学有效地防治腐败提供了新的思路和方向，本次调查的目的是了解公共部门工作人员对于开放政府数据及其腐败防治作用的态度和看法。此次调研基于国家社会科学基金青年项目"开放政府数据对腐败的防治作用及对策研究"（项目编号：17CZZ051），您的支持对我们具有十分重要的意义。

本次调查严格按照《中华人民共和国统计法》的要求进行，采用匿名的方式，请您根据内心的真实想法回答问题。我们向您保证该问卷数据信息只用于科学研究。

祝您工作顺利，生活愉快！

开放数据课题组

填表说明：

1. 在填写问卷之前，恳请您务必阅读"封面信"和本说明。

2. 请在每一个问题后选择适合自己情况的选项，或者在_____处填上适当的内容。

3. 请您在填写问卷的过程中不要与他人商量。

4. 所有答案没有对错之分，您只需根据自己的真实情况和第一感觉填写即可。

一　基本信息

1. 您的性别：[单选题] *

○男　　　　　　　○女

2. 您的年龄（周岁）：［填空题］ *

_____

3. 您所在的省份：［单选题］ *

○北京

○天津

○河北

○山西

○内蒙古

○辽宁

○吉林

○黑龙江

○上海

○江苏

○浙江

○安徽

○福建

○江西

○山东

○河南

○湖北

○湖南

○广东

○广西

○海南

○重庆

○四川

○贵州

○云南

○西藏

○陕西

○甘肃

○青海

○宁夏

○新疆

○中国香港

○中国澳门

○中国台湾

4. 您的政治面貌：［单选题］*

○群众

○共青团员

○中共党员

○其他党派人士，请填写党派名称 ＿＿＿＿＿＿＿＿ *

5. 您的学历：［单选题］*

○小学及以下

○初中

○中专或高中

○大专

○本科

○硕士

○博士

6. 您所在单位/部门的名称：［填空题］*

＿＿＿＿＿＿＿＿＿＿＿＿＿

7. 您在该单位/部门工作多长时间（以年为单位）：［填空题］*

＿＿＿＿＿＿＿＿＿＿＿＿＿

8. 您属于以下哪一类别？［单选题］*

○公务员

○事业单位工作人员

9a. 您的职级（公务员）：［单选题］*

○一级巡视员　　○二级巡视员　　○一级调研员　　○二级调研员

○三级调研员　　○四级调研员　　○一级主任科员　○二级主任科员

○三级主任科员　○四级主任科员　○一级科员　　　○二级科员

9b. 您属于哪一岗位类别（事业单位工作人员）？［单选题］*

○管理岗位

○专业技术岗位

○工勤技能岗位

10a. 您的职级（事业单位工作人员管理岗位）：［单选题］*

○一级 部级正职　　○二级 部级副职　　○三级 厅级正职

○四级 厅级副职　　○五级 处级正职　　○六级 处级副职

○七级 科级正职　　○八级 科级副职　　○九级 科员

○十级 办事员

10b. 您的职级（事业单位工作人员专业技术岗位）：［单选题］*

○高级

○中级

○初级

10c. 您的职级（事业单位工作人员工勤技能岗位）：［单选题］*

○普通工

○一级 高级技师

○二级 技师

○三级 高级工

○四级 中级工

○五级 初级工

二　开放政府数据的内涵

11. 您是否听说过开放政府数据？［单选题］*

○是　　　　　　　○否（请跳至第 29 题）

12. 您是否使用过政府数据开放平台？［单选题］*

○是

○否（请跳至第 17 题）

13. 您使用这一平台的原因是什么？［单选题］*

○科研使用

○比赛使用

○工作需要

○个人兴趣

○其他 _____ *

14. 您是通过以下哪些渠道了解到开放政府数据的？[多选题] *

□政府门户网站

□电视、广播等新闻报道

□微博、知乎、微信公众号等自媒体宣传

□他人介绍

□工作需要

□学术期刊、论文

□其他 _____ *

15. 您觉得"政府数据开放"和"政府信息公开"是否有区别？[单选题] *

○是

○否（请跳至第 20 题）

16. 政府数据开放与政府信息公开的区别在于：[多选题] *

□开放政府数据开放的是一手的、可下载、可重复利用的数据，政府信息公开的大多数是二手的、经过统计或编辑的信息、文本

□政府信息公开的多是一手的、可下载、可重复利用的数据，开放政府数据开放的是二手的、经过统计或编辑的信息、文本

□政府信息公开更注重保护公众的知情权

□开放政府数据更注重对数据的利用

17. 您觉得开放政府数据需要具备哪些特征？[多选题] *

□完整性：除非涉及国家安全、商业机密、个人隐私或其他特别限制，所有的政府数据都应开放

□一手性：开放从源头采集到的一手数据，而不是被修改或加工过的数据

□及时性：在第一时间发布和更新数据

□可获取性：数据可被获取，并尽可能地扩大用户范围和利用种类

□可机读性：数据可被计算机自动抓取和处理

□非歧视性：数据对所有人都平等开放，不需要特别登记

□非私有：任何实体都不得排除他人使用数据的权利

□免于授权：数据不受版权、专利、商标或贸易保密规则的约束或已得到授权使用（除非涉及国家安全、商业机密、个人隐私或特别限制）

□其他 ＿＿＿＿＿＿＿＿*

18. 您所在的单位是否开展过有关开放政府数据的宣传活动？［单选题］ *

〇开展过且有参加宣传活动

〇开展过但没有参加宣传活动

〇没有开展过但自己有学习相关知识

〇没有开展过且没有学习过相关知识

19. 您所在的单位是否开展过有关开放政府数据的培训？［单选题］ *

〇开展过且有参加

〇开展过但没有参加

〇没有开展过但自己有学习相关知识

〇没有开展过且没有学习过相关知识

20. 您所在单位的党政领导对政府数据开放工作的重视程度如何（0为完全不重视，100 为非常重视）？［单选题］ *

〇非常重视（80~100）

〇比较重视（60~79）

〇一般（40~59）

〇不太重视（20~39）

〇完全不重视（0~19）

21. 您所在的省（或省级行政单位）是否上线了政府数据开放平台？［单选题］ *

〇是，请说明省份（省级行政单位）名 ＿＿＿＿＿＿＿＿ *

〇否

〇不清楚

22. 您所在的市（或地级行政单位）是否上线了政府数据开放平台？［单选题］ *

○是，请说明市（或地级行政单位）名 ＿＿＿＿＿＿ *

○否

○不清楚

23. 您所在的**省或市**是否出台了有关开放政府数据的政策文件？［单选题］*

○是，请说明政策文件名或政策主要内容 ＿＿＿＿＿＿ *

○否

○不清楚

24. 您所在单位实行开放数据的具体情况？［单选题］*

○已开放且定期更新

○已开放但不清楚是否更新

○未进行数据开放工作

○不清楚

25. 我国目前是否有全国统一的开放政府数据网站或平台？［单选题］*

○是

○否

○不清楚

三 开放政府数据的作用

在继续作答之前，请您仔细阅读以下说明：

A. 开放数据定义： 具备必要的技术和法律特性，从而能被任何人、在任何时间和任何地点进行自由利用、再利用和分发的电子数据。**技术特性**是指以可机读标准格式开放（例如，xls，csv，rdf，lod，非 pdf）；**法律特性**是指不受限制地明确允许商业和非商业利用和再利用。

B. 开放政府数据与政府信息公开不同。 在**开放层面**上，数据是一手的原始记录，未经加工与解读，而信息是经过连接、加工或解读之后被赋予了意义的数据；在**开放目的**上，政府信息公开强调公众的知情权，公开的大多是文件或经过整合分析后的统计数据；政府数据开放除满足公众的知情权外，还强调数据的应用和创新，因而要求开放未经过加工的、可机读的、可下载的原始数据。

26. 您认为开放政府数据对于社会发展有作用吗？［单选题］*

○有作用

○没有作用（请跳至第 31 题）

27. 您认为开放政府数据最有可能起到以下哪两种作用？［多选题］*

□提高政府透明度和责任感

□促进创新创业和经济发展

□促进公众参与

□其他 _____ *

28. 您认为开放政府数据对防治腐败有作用吗？［单选题］*

○有

○没有，请说明原因 _____ *（请跳至问卷末尾，提交答卷）

29. 您认为开放政府数据对防治腐败最可能会起到以下哪两种作用？［多选题］*

□提高公共部门透明度，增加腐败的成本，抑制人的腐败动机和行为

□识别潜在的腐败风险，发出腐败预警

□提供腐败证据，促进腐败案件的有效侦破和查处

□增强公众利用开放数据监督腐败行为的意识

□其他 _____ *

四　如何通过开放政府数据防治腐败

30. 您认为在我国开放政府数据的难度为（0 为非常容易，100 为非常困难）：［单选题］*

○非常困难（80~100）

○比较困难（60~79）

○不太困难（40~59）

○比较容易（20~39）

○非常容易（0~19）

31. 您认为以下哪 4 类数据的开放对防治腐败作用最大？［多选题］*

□企业注册信息

□公职人员名录

□政府预算数据

□政府支出数据

□公共采购数据

□会议记录数据

□房地产交易数据

□其他 _____ *

32. 您认为开放政府数据难的原因主要在于：[单选题] *

○技术原因：数据格式不统一、数据不可机读、数据挖掘技术学习门槛较高等

○组织原因：组织文化保守、维护部门利益、领导的重视程度不够等

○其他原因：_____ *

33. 您认为通过开放政府数据进行腐败防治最需要注意哪些问题？（请选择3项）[多选题] *

□开放的数据数量少

□开放的数据质量较差

□开放平台不完善

□个人信息泄露

□国家安全数据泄密

□政府工作人员不支持

□公众参与率低

□其他 _____ *

34. 您认为以下哪3个选项最有助于开放政府数据防治腐败作用的发挥？[多选题] *

□加强开放政府数据的相关宣传和培训，促进公众参与

□出台相关法律、政策

□建立通过开放政府数据防治腐败的专门机构

□领导大力支持

□其他 _____ *

35. 您对通过开放政府数据进行腐败防治有什么建议？[填空题] *

_____

附录 B 访谈提纲

注意事项:

1. 访谈时应随身携带录音笔或手机进行录音,应提前告知受访者会录音,但绝对保密;

2. 访谈开始前应简单介绍访谈的目的,强调匿名和保密,但要做到神情愉悦;

3. 有些问题受访者可能不熟悉,应提前做好准备,用通俗易懂的语言进行讲解,但要客观中立,不能进行诱导;

4. 记录受访者回答时明显的迟疑、愤怒、困窘等(具体对应的问题);

5. 提出每个问题后,一定要给予受访者一些思考的时间,尽量让受访者自己先回答,若受访者长时间未作答,可进行提示(多个选项)缓解紧张气氛,帮助其打开思路;

6. 保持中立的立场;

7. 全程保持神情愉悦、有礼有节,不要给受访者压力;

8. 每访谈完一位受访者,应及时整理访谈记录和录音,并填写总结表(附后),并相应修改或增加问题。

一 基本信息

(首先想对您的一些基本信息进行一下了解,能否请您介绍一下您的年龄、参加工作的时间、目前工作的单位和部门、现在的职级、学历、政治面貌)

1. 您的年龄

2. 参加工作的时间

3. 您目前工作的单位和部门

4. 您现在的职级

5. 您的学历

6. 您的政治面貌

二 与开放政府数据相关

7. 您听说过开放政府数据吗？是通过何种渠道和契机了解到开放政府数据？和政府信息公开一样吗？

如受访者从未听说过开放政府数据，可以根据 7~10 题的内容结合定义（如下）对其进行讲解。例如，可以了解受访者所在城市或省份是否有开放数据平台，打开网站进行讲解。注意不要逐字念下面的定义，请用自己的话，如聊天一般讲给受访者听。

*开放数据定义：具备必要的技术和法律特性，从而能被任何人、在任何时间和任何地点进行自由利用、再利用和分发的电子数据（《开放数据宪章》）。

—技术性开放：以可机读标准格式开放（例如，xls，csv，rdf，lod，非 pdf）

—法律性开放：不受限制地明确允许商业和非商业利用和再利用。

*开放政府数据与政府信息公开的区别

	政府信息公开	开放政府数据
开放目的	知情	知情 & 利用
开放层级	信息层	数据层

8. 您所工作的省份是否建设了数据开放平台？所在市是否上线平台？您如何了解到该平台？

9. 您是否使用过开放平台？出于何种原因使用该平台？

10. 您所在的单位是否举办过数据开放活动？如有，您是否参加过活动，主要活动内容是什么，有何感受？如未开展，您是否有了解过相关知识？为什么会想自主学习？

11. 您所在的部门是否应用了开放数据？这些数据的来源是什么？是来自本部门自行收集？或是需要外部其他部门的配合提供？若是需要来自哪些外部单位或部门？

12. 您认为开放政府数据能够发挥一些什么作用？比如对您所在的单位或者部门会有什么改变？对于本地经济发展会有什么样的帮助？

13. 您认为所在单位领导对数据开放的重视程度如何？领导重视或不重视有什么原因？

14. 您认为在我国进行政府数据开放难吗？您觉得难/不难的具体原因是什么呢？

三　与腐败相关

15. 腐败的影响因素

（1）您认为个人层面的腐败动机有哪些？

（2）您认为国家/政府层面影响腐败程度的因素有哪些呢？

16. 您所在的单位对于整治腐败问题有哪些举措呢？

17. 您目前的工作内容是否与政府防治腐败直接相关？如果相关的话，您接触相关工作多长时间了？工作中所需要的关键数据一般是通过什么方式获得的呢？

18. 您认为公众的参与在政府防治腐败工作中发挥了什么样的作用？

19. 您对网络反腐的看法？

四　开放政府数据与腐败防治

20. 您认为开放政府数据对于腐败防治有作用吗？（一定要给予受访者一些思考的时间，尽量让受访者自己先回答，若受访者长时间未作答，可提示：分别对政府、公众、社会组织等的作用）

（1）政府：抑制腐败动机？发现腐败线索？

（2）公众：参加反腐败工作的新途径？

（3）社会组织：参加反腐败工作的新途径是什么？国内有反腐败社会组织吗？您了解吗？

21. 若有作用的话，您认为哪些数据的开放对防治腐败最有效呢？

22. 公职人员名录/房地产交易数据的开放可以防治腐败吗？您愿意公开自己的相关信息吗？

23. 您认为会议记录数据的开放对防治腐败有作用吗？若有，您可以具体谈谈它怎样发挥作用吗？若没有，为什么认为没有作用呢？

24. 您认为通过开放政府数据防治腐败有哪些障碍？

25. 您认为哪些办法或措施有助于发挥开放政府数据防治腐败的作用呢？您认为"领导的大力支持"有促进作用吗？若没有，您能谈谈为什么吗？

26. 您认为建立一个专门组织（在反腐败机构下设一个专门通过开放数据防治腐败的处室）有用吗？

访谈总结表

受访者＿＿＿＿＿＿＿＿＿＿＿＿＿＿

访　员＿＿＿＿＿＿＿＿＿＿＿＿＿＿

访谈地点＿＿＿＿＿＿＿＿＿＿＿＿

访谈日期＿＿＿＿＿＿＿＿＿＿＿＿

1. 本次访谈给你印象最深刻的观点或问题是什么？

2. 分别总结每个问题你目前从受访者处所获得（或未获得）的信息。（可加页）

序号	问题	信息

3. 总结本次访谈中你认为其他比较突出的、有趣的、重要的观点或信息。

4. 你认为在下次访谈中应该添加的新访谈问题是什么？

附录 C　部分访谈笔记

一　开放政府数据在预防和惩治腐败方面的潜在作用

A2020001010201ZFL

开放数据有利于政府的工作接受社会监督。例如部分网站公布低保户信息，为群众监督确定的低保户是否符合标准、低保补助发放情况提供了可靠路径，有助于加强群众对村干部的监督。

A2020001020201MY

政府数据开放能够规范公职人员的行为，增强对权力的敬畏心。

为执法部门提供依据，助力腐败案件的快速侦破。

保障公众的知情权，加强对权力的监督制约。

我是一名乡镇工作人员，开放政府数据能发挥作用。但事实上，SD省ZB市最近才启用"ZB公共数据开放网"，仍处于试用阶段，提供的数据、服务相对较有限。

A2020001020201MWQ

就我所在的单位来说，税务系统在每年度汇算清缴检查及日常税收风险应对的过程中，很多涉税信息是闭塞的，比如企业从财政部门得到的补贴信息、企业实际占地信息、企业房产信息等，而这些信息企业已在财政、房产等部门得到备案或登记。若实现统一平台的信息共享，能提高工作效率。信息越透明开放，权力寻租的空间就会越小，腐败滋生的空间就越小。

C2020001020201CY

如在疫情中，我每天要报送好几个部门下发的九、十个表格，表格内容大同小异，有的只是项目前后次序不同，而且每天表格还可能不断"进化"，上午一个版本，下午一个版本。很多表格在绘制的时候由于时间匆忙，需要打无数个电话来捋清逻辑关系，常常是这个表刚搞明白怎么填，新版本又来了。每天被无数表格弄得焦头烂额、浪费人力。政府开放数据要打破各部门间的壁垒，建立庞大的数据结构网，首先实现各单位、各部门的资源共享，然后才能实现政府数据对公众的开放。

A2020001040201WS

我所在的市场监管部门，目前每年的食品抽检结果都是完全透明地公布在政府网站上，让民众监督我国食品安全现状，从而形成提高食品安全水平的良性循环。

C2020001030101ZJ

我所在的地区目前也建设了政务公开平台，开放政府数据在预防和惩治腐败方面具有潜在作用：

（**透明政府**）例如在平台脱贫攻坚模块中公布的对企业、贫困户的帮扶信息，对政府工作人员严格按规程办事，确保各项政策落地起到了很好的促进作用。在财政信息模块中，有各部门的预算、决算公开数据，以上数据的公开监督了各项资金的使用。公开的"三公"经费数据有利于督促各单位严守规章制度，不越红线。在政府采购模块中，各单位 30 万元以上项目、需要政府采购的项目，需要公开招标公告、中标公告。

D2020001070201HY

公众可以及时发现已经存在的腐败问题，政府自我监督和群众监督双管齐下，惩治腐败的效果才能更明显。在单位的工作中我也能感受到其对预防和惩治腐败的效果。例如之前乡村两级通过村公示栏来公开低保、五保、扶贫等政策落实情况等。现在通过微信公众平台，群众可以通过手机随时随地查询乡村工作情况，同时群众可以针对其发现的问题进行举报，连接起了"官民"之间的桥梁。

G2020001040101WB

（**预防腐败**）有利于破除权力运行的隐蔽性，为治理权力滥用和腐败提供了预防机制。

（**腐败线索**）有效提高了问题的发现概率，能够更加清晰、客观发现异常的数据；在本人 3 年多的基层巡察工作经历中，深刻感受到了政府数据开放对巡察工作的促进作用，特别是在对镇村巡察工作中，通过相关数据的比对，发现了不少侵害群众利益的腐败问题。如在对一个乡镇巡察时，通过走访了解群众实缴养老金数额与镇民政部门公开收缴金额的比对情况，发现该镇一名村干部挪用群众养老金 6 万多元。

（**公众监督**）打破了政府和公众之间信息不对称的壁垒，有利于规范行政权力的正确行使；强化了社会监督，有力保障了公众的知情权、参与权和监督权。

C2020001060101LQ

（**腐败线索**）有效提高了问题的发现概率，可通过大数据的收集、对比、分析与干部上报的个人财产等相关事项比对，从而发现数据异常。大数据的应用及开放政府数据，在一定程度上创新了反腐败方法，将国家与社会的反腐败力量结合起来，创造了反腐败的新模式。

（**公众监督**）破解了一些权力监督领域的"监督难"问题。

A2020001160201SX

（**透明政府**）通过开放数据，公众可以明确得知政府原始数据，使政府行为变得公开透明，有利于打造阳光政府，提高政府公信力。

（**公众监督**）我目前主要负责城乡低保、特困人员供养以及临时救助等社会救助类工作。通过省市县乡村的五级公示，公开享受待遇人员的姓名、享受金额等信息，能使群众充分发挥监督作用，避免出现基层干部截留资金、暗箱操作等腐败行为。

二　发挥防治腐败作用需要开放的数据类型

C2020002010201QYZ

（**政府支出数据**）单位的日常开销数据。如果将这些数据公之于众，不仅有助于内部管理，还能防治一些群众干部的腐败举动。

（**政府预决算数据、政府项目登记表数据**）政府财政决算、公共资源配置、重大建设项目批准和实施等数据。大部分一般科员、群众都不了解乡镇的预决算、公共基础设施建设、项目建设等数据。如果数据开放，每一笔资金的去向都能体现，就能对政府起到监督作用。

A2020002010201ZFL

（**政府预决算数据**）财政预决算和公共资源配置等数据的公开有利于推动权力透明化。

（**公共采购数据**）政府采购、招投标类数据开放有利于社会、群众等监督政府重大工程、资金支出的规范性。

（**资产申报数据**）干部财产类数据信息的公开，有利于干部自觉接受社会监督。

（**政府支出数据**）低保数据。在从事基层纪检工作时，曾遇到过村干部违规套取低保补助、拆分发放低保补助的违纪行为。这类数据开放能为群众监督提供一条有效途径。

C2020002010201SBM

（**公共采购数据**）针对政府在采购、扶贫等工作中的资金使用环节应在工作过程中开放基础信息数据（包括财产公示、权力清单或办理流程图）、采购数据和资金使用数据（招标清单、采购合同等）。

（**社会捐款捐物数据**）如疫情发生后，防疫物资的捐赠、购买和使用等数据，要及时反馈捐款进度和物资分配情况。

A2020002020201DJ

（**公共采购数据、政府支出数据**）政府预算与政府支出数据是腐败防治工作中的重要数据。

（**土地登记表数据**）土地出让性质数据。土地出让性质数据有利于购房者了解楼盘的土地出让性质，防止不法开发商损害群众利益。

A2020002030201YL

（**政府预决算数据、政府支出数据**）政府数据开放要以财务数据为依托，不仅包括本级政府预算的收入支出，也包括上级转移支付、群众密切关心的征地补偿款等民生资金。群众信访量较大的征地补偿、土地流转、扶贫资金等相关数据也是政府数据开放的努力方向。

A2020002030201ZCZ

（**政府项目登记表数据**）个人认为，目前基层还应加强对新农村建设的数据开放，比如在拆迁安置、占地赔偿、项目引进等方面。例如在农村项目占地中，具体是什么项目，收益怎么样，能否带来工作机会等都是百姓考虑的因素。如果拆迁协议的签订、房屋拆迁顺序、楼房建设情况等数据开放，保证了农民的知情权，杜绝了村中大户以及镇村干部的暗箱操作。

A2020002040201ZYS

本人在市场监管局工作时曾负责过政府信息公开以及政府数据共享工作，认为以下几项政府数据的开放有助于防治腐败：

（**政府预决算数据**）公众可以监督政府的每一笔收入和支出。

政府行政处罚数据。一方面明确各部门的权力范围，使执法部门的执行程序及处罚过程更加明确；另一方面为公众了解和监督罚款的去向提供了途径。

C2020002030101ZJ

（**政府预决算数据**）在财政信息模块中，有各部门的预算、决算公开数据，以上数据的公开监督了各项资金的使用情况。

（政府支出数据）公开的"三公"经费数据有利于督促各单位严守规章制度，不越红线。

（公共采购数据）在政府采购模块中，各单位 30 万元以上项目、需要政府采购的项目，需要公开招标公告、中标公告。

A2020002040202WYN

本人现就职于农业农村部门，负责养殖业管理工作。以下数据的开放有利于防治腐败：

（政府项目登记表数据）项目资金落实情况。涉农资金数据公开有利于国家政策落实环节的公平公正，规范行业秩序；加强公众监督，利用数据发现不合理或违规行为。

非涉密的养殖业生产数据，如种畜禽存出栏、肉蛋奶产量等能直观地反映地方的畜牧、水产行业进展和趋势。企业行业数据，使公众了解畜禽水产等的储备、生产、屠宰情况，有利于政府社会多部门联合做出应急预案，也能防止国家补贴资金的滥用。

A2020002050201CJJ

作为纪检监察系统的一名干部，以下几项政府数据的开放有助于防治腐败：

（政府预决算数据、税务记录数据、公共采购数据）公共财政管理，包括预算、税收和采购等方面的数据开放有助于防治腐败。开放相关数据使得预算、税收及采购更透明；若发生腐败现象，能在第一时间发现并予以处置。

B2020002030102CKS

我就职于某街道办事处，以下类型的政府数据开放有助于防治腐败：

（政府项目登记表数据）政府规划部门、房管部门应该公开土地规划、使用数据，这样侵占公共空间、公共利益的现象将受到监督；政府行使的权力也受到监督，可以极大减少因为违法建设相关问题带来的腐败、寻租现象。

A2020002160201WYX

（**政府预决算数据、政府支出数据、政府项目登记表数据、资产申报数据**）政府加快推进财政预决算、公共资源配置、重大建设项目批准和实施、官员财产等方面信息的公开，积极接受社会监督。结合自身经历来说，GY 交通局定期将酒驾的相关数据进行公开，接受群众监督。再比如GY 政府部门的年度预算、决算都需要在政务服务网进行公开，遏制了违规发放津贴、补贴等现象。

A2020002010102SZP

（**公职人员名录**）组织部要求全市在编在职公务员、参公人员、事业编制人员都要填写《家庭成员和社会关系信息采集表》，要求干部的配偶、子女等亲属必须填写齐全；强调干部直系、旁系三代内其他亲属中有在机关事业单位工作的，须如实填写。政府部门权力清单。前期权力清单已梳理完毕，目前着眼于依法优化和公开权力运行流程。

（**公共采购数据**）招投标过程数据。政府办公用品采购进行改革，实行统一网上采购。政府建立专门网站，各商家可以申请入驻，政府各部门购置办公物品统一在该网站上进行，可以更好地对采购物品的种类、数量、价格等进行监控，防止办公经费挪作他用。

（**资产申报数据**）公众可以清楚了解政府官员的财政收入情况，对超出工资支付能力范围的消费起到很好的监督作用。

C2020002160201ZXN

（**政府预决算数据**）如春季绿化补贴、洁净煤补贴、农村环境卫生补贴等数据。

（**政府支出数据**）公共资源配置数据，去年我镇大部分资金都用于公共交通、大气污染、河道治理等公共领域。开放这部分数据后，百姓能够一眼看出 1800 米的河道治理污水、修葺河堤花了多少钱。

（**资产申报数据**）开放官员财产数据能预防和防治腐败，但要注意保护官员的个人隐私。

C2020002160201LYD

（**政府支出数据**）政府经费的支出明细数据。我现在工作的县组织部门，主要负责干部培训和人才培养。就干部培训来说，每年需要开设科级干部专题培训班、优秀青年干部培训班等十几个班次，涉及各类干部达2000 余人。每次开班，都要提前预订会场、制作横幅、联系工作人员调试音响设备，还要为干部们安排食宿、准备学习资料等，要经手几千元至几万元的经费。如果在政府网站上公开每一次培训各项花费的明细，让每一笔支出都有群众的监督，那么就可以极大减少腐败发生的可能。

三　通过开放政府数据防治腐败面临的挑战

F2021003160102GZX

我认为开放政府数据是困难的，主要是因为：

（**技术障碍**）各部门采集数据的格式标准不统一，口径不一致，采用的处理技术、应用平台各异。

（**组织障碍**）根深蒂固的部门利益造成的数据分割。

（**环境障碍**）对于开放的数据是否涉及国家安全、商业机密甚至个人隐私，目前的法律法规在某些方面仍是模糊的。目前数据知识产权的相关制度也不完善，可能会在未经明确许可的情况下限制第三方再利用数据。

目前我国通过开放政府数据防治腐败还存在很多障碍：

（**政府工作人员不支持**）条块管理形成了部门分离，部门中心主义被强化。

（**开放的数据质量较差**）数据的真实性、有效性不能完全得到保障。

A2021003160101XM

结合我的工作经历来看，开放政府数据防治腐败存在障碍。

（**开放平台不完善**）政府平台、硬件建设不健全。目前政府平台运行的行政公共域仅能在政府大楼里运行，其他非在大楼里办公的部门、事业单位不能做到全面普及。

（开放的数据质量较差） 公开的政府数据往往是加工后的二手数据。

（政府工作人员不支持） 基层政府部门人员少，工作任务重，没有专人负责维护、更新开放政府数据。目前我市的行政公共网络已经实现了"纵到底"，但未实现"横到边"，各部门之间缺乏信息沟通。

B2021003160103LS

（组织障碍） 我们的传统文化以内敛含蓄为主，领导以保守观点为主，开放本部门的所有数据在某种程度上会给领导和部门人员造成心理负担。

（环境障碍） 我国开放政府数据没有提升到法律层次，对数据开放后的保障措施也没有规定。如果通过开放政府数据达到防治腐败的目的，阻力是非常大的。

（开放的数据数量少） 我国很多数据和系统处于地方政府层面或部门层面，数据量少，可机读性较差，缺乏高质量的应用系统。

（开放的数据质量较差） 政府公开的数据和信息都是筛选后的甚至是加工后的人工数据，公众无法做到完全知情。

B2021003160201XNT

目前在各地政府部门开放数据还存在一些障碍。

（环境障碍） 我国很多地方政府未建立相关大数据协调和发布部门，全国也未形成统一的管理，未有明确的职责和功能划分。未能明确规定开放数据的领域，目前开放政府数据是各部门独立公开，很多部门由于数据和职能交叉，公开的数据有一定重合。

（开放的数据质量较差） 公开的数据尚不能完全满足公众需求。目前政府公开的数据多为单一的、处理整合后的数据，未提供多样的、原始的数据。

C2021003160201GMM

（技术障碍） 由于开放的数据量庞大，但目前没有足够的技术能力来对这些数据进行筛选和分析。

（**环境障碍**）没有相应的制度、政策支持，缺少机构之间的协调机制，造成各自为政，不能使信息连片。

（**开放的数据质量较差**）开放政府数据中的信息趋于美化，不能为腐败防治提供具有可参考价值的信息。考虑到社会宣传及负面效应，许多政府网站主动公开的数据具有"一片美好""和谐安稳"因素，对防治腐败所需的信息不会披露。

A2021003100201ZY

（**技术障碍**）开放数据管理平台人才缺失严重。受理腐败案件的数据管理人员由于受到自身业务素质和技能限制，不能适应反腐的需要。

（**组织障碍**）各部门信息衔接不通畅现象普遍存在，收集各部门数据会牵扯到各部门利益，会受到一定抵制。

（**个人或企业信息泄露**）开放政府数据易导致个人隐私泄露问题。大数据系统共享数据不考虑个人意愿，监督主体具有随意性、自发性、盲目性特征。

D2021003090201TXX

（**组织障碍**）各地区政府在建设电子化政府的过程中，为了维护部门利益出现了信息孤岛问题。

（**政府工作人员不支持**）贫困户识别和退出、农村低保、扶贫资金项目落实情况现已接入数据平台，但在实际中，某些惠及贫困户的政策却被其他人占用，信息存在壁垒，当地政府有些人员视而不见。

A2021003160201SY

（**环境障碍**）顶层设计不足，缺少立法，我国对开放政府数据缺乏有针对性的法律制度。我所在单位为 SD 省县级行政审批服务局，我们单位针对相关行政许可的办理时限以及一些财务信息会在政府官方网站进行公示，但仅仅是信息公开，虽然有些数据作为辅助，但并不是可以利用的数据。数据开放缺少配套管理机制，缺少相关主管部门和专业型人才去实施。

A2021003090201HQ

（**组织障碍**）在地方推进上无所适从，没有头绪。有些部门基于部门利益把自己所掌握的数据作为部门独享财富和"传家宝"，不愿开放。体系心态相对保守，且缺乏开放动机。许多政府部门认为多一事不如少一事，政府数据涉及个人隐私，若出事职位不保，担心是否会引起民众、媒体的声讨和批评。

（**个人或企业信息泄露**）本人在税务部门工作。在数据公开方面，涉及企业财务信息和股东隐私，在公开上具有一定难度。另外，若涉及失信人员及企业，在企业补缴税款以后，对企业信息公开会造成企业信誉受损。

A2021003090102KX

（**技术障碍**）群众知晓度较低的认知障碍，我国群众对于政府数据较为敏感、感兴趣，但大部分人对于原始数据（专业性较强），很难自己去整理分析。

（**组织障碍**）各部门沟通协调难度较大，地方大数据局属于新兴部门，在政府中的话语权较弱，很难受到领导重视。

C2021003090101LXY

开放政府数据的障碍：

（**组织障碍**）部分部门对本部门利益的地方保护主义思想严重，许多事项不愿意公开。

（**环境障碍**）现阶段在数据公开方面，我国的法律制度与体制机制还未完善，对相关工作的范围未有明确要求。

开放政府数据防治腐败的障碍：

（**个人或企业信息泄露**）从个人工作经历来讲，我负责的文件制发、档案管理等工作中存在大量的国家秘密文件，这些内容不能公开，而且许多数据型的一手资料只能内部掌握，属于"半公开"类型，不涉及秘密，但如果公开的话会使政府工作变得很被动。

（**开放的数据质量较差**）现阶段更多的贪腐行为集中于个人收受财物

造成工程、项目的偏袒。对于挪用公款等案件，可以通过公开预算、支出等方式进行监督，但对于更多的个人财产及工程项目方面，公开政府数据并不能起到太大的防治腐败作用。

A2021003100101ZF

（**技术障碍**）没有专业的数据分析、处理的人员和平台，很难做到精准。各部门系统开发过程中无统一技术规范，在开放数据过程中也会出现障碍。

（**组织障碍**）由于"条块分割"的职能划分，政务部门设立了各自的政务信息系统来存储数据，有的还以部门规章的形式对各系统的数据管理做出规定。基层部门会以上级部门规定涉密不予以开放或权限不在本级掌握为由而拒绝开放数据。

（**环境障碍**）政府数据开放缺乏系统的法律规定。我国在开放政务数据方面，只有个别省对其有规定，而中央和大部分省市只是通过"办法""方案"对其有说明，因此在开放的数据类型、开放的责任认定等方面难以得到法律保障。同时，国家监察法也没有政府开放数据作为腐败预防、证据追溯的依据。

（**开放的数据质量较差**）一些可能涉及腐败、反映问题的数据可以受到领导一直的制约而"选择性"开放。

A2021003100202WL

当前政府开放数据也面临不少障碍：

（**组织障碍**）政府出于权力本位不愿共享，认为数据来源于本部门工作的积累，隐含部门权力，数据共享意味着权力流失。

（**环境障碍**）缺乏法律约束和考核机制，习惯于因循固有的工作模式，缺乏数据共享的动机。标准问题阻碍了共享，由于缺乏标准体系的支撑，各部门采集的数据格式不统一，应用平台各异，数据库接口也不互通。

B2021003160101SB

（**技术障碍**）开放政府数据技术开发、应用和维护上还有许多需要改进的地方。

（**政府工作人员不支持**）反腐大数据需要各部门数据库的支撑和配合，但各个政府在建设电子化政府的过程中出现了信息孤岛问题。

（**个人或企业信息泄露**）政府工作中不宜公开的内容、敏感信息很多，开放政府数据增加了信息泄露甚至危及国家安全的风险，有投鼠忌器的顾虑。

（**开放的数据质量较差**）结合我个人工作经验来看，基层政府工作压力大，工作繁杂。开放政府数据很有必要、势在必行，但这无疑是将工作层层下压，效率、质量得不到保障。

图书在版编目（CIP）数据

开放政府数据与腐败防治：国际经验与政策启示 /
赵雪娇著.-- 北京：社会科学文献出版社，2024.5（2025.9 重印）
　ISBN 978-7-5228-3591-4

　Ⅰ.①开… 　Ⅱ.①赵… 　Ⅲ.①电子政务-数据管理-
风险管理-研究 　Ⅳ.①D035-39

　中国国家版本馆 CIP 数据核字（2024）第 086066 号

开放政府数据与腐败防治：国际经验与政策启示

著　　者／赵雪娇

出 版 人／冀祥德
责任编辑／孙海龙　孟宁宁
责任印制／岳　阳

出　　版／社会科学文献出版社·群学分社（010）59367002
　　　　　　地址：北京市北三环中路甲 29 号院华龙大厦　邮编：100029
　　　　　　网址：www.ssap.com.cn
发　　行／社会科学文献出版社（010）59367028
印　　装／北京盛通印刷股份有限公司

规　　格／开　本：787mm×1092mm　1/16
　　　　　　印　张：14　字　数：220 千字
版　　次／2024 年 5 月第 1 版　2025 年 9 月第 2 次印刷
书　　号／ISBN 978-7-5228-3591-4
定　　价／88.00 元

读者服务电话：4008918866